ESPERAR

FRANÇOIS-XAVIER BELLAMY

ESPERAR

Violencia, historia, felicidad

EDICIONES RIALP

MADRID

Título original: *Espérer*

© 2023 Éditions Grasset & Fasquelle
© 2024 de la versión española realizada por Miguel Martín
    by EDICIONES RIALP, S. A.,
    Manuel Uribe 13-15 - 28033 Madrid
    (www.rialp.com)

Preimpresión: produccioneditorial.com

ISBN (edición impresa): 978-84-321-6895-6
ISBN (edición digital): 978-84-321-6896-3
ISBN (edición bajo demanda): 978-84-321-6897-0
ISNI: 0000 0001 0725 313X
Depósito legal: M-21243-2024
Impreso en Anzos, S. L., Fuenlabrada (Madrid)

ÍNDICE

PREFACIO
«¿QUÉ PUEDO ESPERAR?»

El tiempo es de gran inquietud. Dondequiera que se mire, todo parece no ser hoy sino intranquilidad, inestabilidad e incertidumbre del mañana. La crisis está por todas partes: en las instituciones encargadas de asegurar la continuidad de los Estados; en los vínculos que conforman una sociedad, y cuya resistencia debía permitir no afrontar solos las turbulencias de la historia; en la cultura que hacía al mundo algo familiar —e incluso en la naturaleza que lo hacía vivible, y habitable por el hombre—. Ya nada de todo eso parece garantizado para siempre. Desde todos los puntos de vista parece, por recuperar la voz de Nietzsche, que «crece el desierto». Esta gran inquietud atraviesa en particular el mundo occidental, donde el porvenir no es ya ante todo el lugar de una promesa, sino de un peligro. Si se mira al propio país o al planeta como en riesgo de extinción, o a los dos, no es difícil sentirse agarrado por una angustia existencial.

Muchos jóvenes, en particular, se sienten aplastados por esta inquietud del porvenir, en el momento en que la vida debería abrirse ante ellos. Es en tal momento cuando se necesita, más que nunca, preguntarse sobre la posibilidad de una esperanza.

Esta pregunta no presenta solo una dimensión religiosa, como a veces se pretende. No pertenece solo a los creyentes la misión de esperar, y de definir lo que puede razonablemente ser el objeto de esta esperanza. Es incluso una de las grandes misiones de la filosofía, si se cree a Enmanuel Kant, que a su manera define el programa en la *Crítica de la razón pura*:

> Todo interés de mi razón (tanto especulativa como práctica) está contenido en estas tres preguntas:
> 1. ¿Qué puedo saber?
> 2. ¿Qué debo hacer?
> 3. ¿Qué puedo esperar?

Cada vez que nuestra razón trata de conocer y comprender, nos dice Kant, busca de hecho una respuesta a una de esas tres cuestiones. Directa o indirectamente, todo el esfuerzo de nuestro pensamiento acaba por referirse a ellas. La primera es puramente teórica —es el problema del saber y de sus límites—. La segunda es puramente práctica: orienta nuestra acción en el mundo. La tercera, la cuestión de la esperanza, mezcla esas dos dimensiones. Supone descifrar la historia que sucede ante nuestros ojos, tanto como nuestra propia historia: es, por tanto, un asunto de saber; pero de ahí, determinando la posibilidad o no de una esperanza, es por nuestra manera de vivir y de actuar como podemos influir. Una pregunta así no deja de tener consecuencias sobre nuestra existencia concreta.

Esperanza y optimismo

Por otra parte, es lo que distingue la cuestión de la esperanza del prejuicio del optimismo. Sucede a menudo que se confunden los dos términos; nada, sin embargo, es más opuesto, al punto que estas dos actitudes existenciales son de hecho incompatibles la una con la otra. En un artículo de 1942, publicado más tarde en los *Ensayos y escritos de combate,* Georges Bernanos denunciaba esta confusión:

> Sé bien que hay entre vosotros gente de muy buena fe, que confunden la esperanza con el optimismo. El optimismo es un sucedáneo de la esperanza, del que la propaganda oficial se reserva el monopolio. Lo aprueba todo, lo sufre todo, lo cree todo, es por excelencia la virtud del contribuyente. Cuando el fisco lo ha despojado incluso de su camisa, el contribuyente optimista se suscribe a una revista nudista y declara que él se pasea así por higiene, que nunca se ha encontrado mejor.

En la noche de la Segunda Guerra Mundial, Bernanos quiere recordar cómo el optimismo es una facilidad, que consiste en preferir no mirar la realidad de frente, sobre todo cuando se resiste a confirmar el supuesto de que, ocurra lo que ocurra, todo terminará por arreglarse. El pesimismo no es más honrado, pues busca solamente convencerse de que, de cualquier manera, todo acabará por hundirse... Están aquí las dos caras de una misma falta de seriedad, de responsabilidad, de lealtad intelectual; dos formas finalmente cercanas de una negación de la realidad.

> El pesimista y el optimista coinciden en no ver las cosas tales como son. El optimista es un imbécil feliz. El pesimista es un imbécil desgraciado.

La diferencia principal entre los dos es que es raro que el pesimista reivindique como una virtud su desolación resignada. Por el contrario, al optimista le gusta reivindicar su actitud existencial como una virtud, una manera positiva de enfrentarse con la vida. Pero sería desastroso confundir la esperanza, y el valor que puede suscitar, con el optimismo, que sirve mejor que cualquier otro pretexto para justificar no hacer nada. Prejuzgar por principio que la historia acabará bien es el mejor medio de ponerse a cubierto de las pruebas del presente. El optimismo es una cobertura confortable para legitimar la pasividad, y tranquilizar nuestra indiferencia frente a la realidad del mal, de la violencia, del peligro. «Nueve de cada diez veces, escribe Bernanos, el optimismo es una forma solapada del egoísmo, una muestra de insolidaridad ante la desgracia de otro».

Pero ¿cómo se puede mirar esa desgracia de frente sin sacar otra cosa que una constatación amarga? Si el optimismo es una inconsecuencia, podría parecer que, ante la realidad del sufrimiento, apelar a la esperanza sería una provocación escandalosa. ¿Se puede decentemente esperar de los que sufren las turbulencias de la historia que continúen esperanzados? Y volviendo a la gran inquietud que marca nuestro tiempo, ¿se puede considerar lúcidamente la amplitud de la crisis que atravesamos sin ceder al desaliento? Cuando todo lo que apreciamos parece deshacerse ante nuestros ojos, ¿esperar aún no es negar la realidad? Para responder a esta cuestión, hay que definir con más precisión lo que significa una tal elección. Pues la esperanza es por cierto una elección, y como tal compromete nuestra libertad. No tiene nada de una evidencia, al contrario; supone ir más allá de todas las apariencias. Y paradójicamente, cuando no tiene la menor razón para apoyarse, es cuando encuentra la ocasión de expresarse plenamente.

La analogía del perdón

Para comprenderlo, veamos una analogía: si la esperanza apunta al porvenir, el perdón mira al pasado. Tiene con ella una semejanza chocante, que comienza por esta ausencia aparente de fundamento: el perdón no puede darse en verdad más que cuando no hay razón para darlo. Si en efecto hay buenas razones para que un mal haya tenido lugar, no es necesario, ni incluso posible en cierta manera, que intervenga la elección del perdón. Después de que su reflexión sobre el tema haya avanzado, Jankélevitch lo muestra claramente en su libro *Le Pardon*: si el mal cometido era involuntario, si el autor del acto no podía hacer otra cosa, o no podía verdaderamente saber… mientras haya buenas razones para explicar la situación, no cabe reprocharle nada. Un amigo os hace esperar largamente en una cita, pero es porque su tren se ha retrasado: ¿cómo reprochárselo? Alguien que pasa por la calle os tropieza involuntariamente, no os podía ver: os presenta sus excusas; no podéis rechazarlas. Cuando el que hace el mal tiene razones que presentar, ¿de qué valdría culparle a pesar de todo? En tal caso, como se suele decir, «no pasa nada». La excusa retira su objeto al perdón. Quien es excusable está ya «excusado del todo»; no hay caso, nada que hacer por parte de la víctima del daño sufrido. No se le está dando nada al autor que no le pertenezca legítimamente —incluso al contrario: sería injusto rechazar excusar a quien tiene buenas excusas—.

Cuando no hay excusas es cuando el perdón es posible. O por decirlo de otro modo, cuando el mal cometido ha sido deliberado, voluntario, con conocimiento de causa, es cuando la cuestión del perdón se plantea con más claridad. Cuando hay menos razones para perdonar, el perdón puede aparecer como perdón. Desde este punto de vista, lo absurdo sería confundir la excusa y el perdón: excusar un gesto, en efecto, es reconocer que no había intención de hacer el mal y, por tanto, no hay nada que perdonar. Solo quien es inexcusable necesita el perdón; y por esta razón el perdón nunca es algo debido, sino un regalo.

La justicia quiere que lo excusable sea excusado; y que lo inexcusable sea condenado. Y es necesario que eso sea así, por supuesto. Pero más allá de la justicia, más allá de toda razón, puede también darse el perdón. Su primera condición es reconocer la realidad del mal causado: quien perdona no niega que ha sufrido, si no ¿qué tendría él que perdonar? «El perdón no es indulgente», escribe Jankélévitch; no busca excusa que podría justificar que se minimice el mal, no hay circunstancia atenuante —ni razones para apoyarlo—. Todo eso supondría buscar un tranquilizante fácil, desprenderse de la responsabilidad de la elección. El perdón no puede darse más que sin razón —y cuanta menos razón haya más será verdadero perdón—. Esa es la paradoja del perdón: cuando no hay mal, el perdón no es posible. Cuanto más grave es el mal cometido, más difícil es el perdón, pero mayor puede ser. El perdón no es perdón más que dado a lo imperdonable. En este sentido, nada en principio podría impedirlo. La excusa, por supuesto, tiene límites: no todo es excusable. Quien no tiene buena excusa no puede pretender ser excusado. Pero ningún mal es tan grande que sea imperdonable; aunque ningún culpable puede reivindicar ser perdonado, el perdón puede llegar a cualquier culpable —hasta al que no lo habría pedido…—.

Esta afirmación radical, casi chocante, es el resultado de una larga maduración en la obra de Jankélévitch. En 1948, en *L'Imprescriptible*, él tomaba la posición contraria: ante el mal absoluto que constituye la Shoá, ¿quién podría admitir el perdón? ¿Y cómo perdonar además, cuando los mismos verdugos nunca han pedido perdón? El crimen contra la humanidad hacía surgir en la historia el caso límite de lo irremisible, de la falta sin redención. Solo veinte años más tarde, en 1967, Jankélévitch publica *Le Pardon*: expresión magnífica de su avance en el pensamiento, vuelve en esta reflexión sobre su propia afirmación de una frontera insuperable que se opondría al perdón. Si el perdón no tiene lugar más que frente a lo inexcusable, entonces cuanto más absoluto es el mal, más puede serlo el perdón también —sin que por eso el perdón sea nunca exigible de derecho—. Más difícil será

15

también, en efecto, por supuesto; y, sin embargo, escribe Jankélévitch en *Le Pardon,* «no hay falta tan grave que no se pueda, en último término, perdonarla».

En eso, el perdón es la expresión radical de una libertad: constituye un acto, y como tal, actúa sobre la historia. La excusa no supone una elección, ni un acontecimiento: lo que es excusable ya está excusado; no ha pasado nada que salga de la inmediatez de una deducción lógica. El perdón escapa a la lógica: respondiendo a la injusticia sufrida por el don gratuito, cambia el curso de las cosas. No se contenta con reconocer la situación; produce una nueva. Esta es la razón por la que Hannah Arendt, en *Condition de l'homme moderne,* describe el perdón como el único acontecimiento que puede salvarnos del carácter irreversible de las consecuencias de la acción humana. Cuando se ha cometido el mal, puede propagarse en toda la historia por el círculo que constituye el encadenamiento instintivo de la violencia y la venganza. Solo el perdón puede romper ese círculo; claro que no anulará nunca la falta cometida, ni sus consecuencias. Pero puede oponerse a que deriven en la inevitable repetición del mal; y así, el perdón tiene la fuerza de todo acto libre, que es cambiar la historia, de hacer que surja algo nuevo.

FATALISMO O RESPONSABILIDAD

«¿Qué puedo esperar?» Esta pregunta quizá sorprendente tiene sin duda mucho que enseñarnos para aclarar nuestra cuestión inicial. En *De l'existence à l'existant,* Levinas afirma que la esperanza es al porvenir lo que el perdón es al pasado. ¿Qué significa eso, y qué conclusiones sacar?

Lo hemos dicho: es frente a la realidad del mal sufrido, ante lo irreparable, cuando el perdón puede llegar. No es necesario perdonar lo que es fácil de reparar, de compensar, de olvidar. Del mismo modo que no hay verdadero perdón cuando hay bastantes razones para creer que no ha habido mal, no hay verdadera esperanza cuando hay bastantes razones para pensar que todo acabará bien. Esperar algo bueno cuando se sabe que debe llegar, eso no es esperanza; no se puede esperar un bien para mañana, más que en la medida en que es todavía incierto. Y esta incertidumbre incluso da la medida a la esperanza: eso quiere decir que ella es tanto mayor cuando lo que esperamos parece lejano, imposible, inalcanzable. Cuando todo está ganado, paradójicamente, no nos queda nada que esperar. Es cuando todo parece perdido cuando la esperanza es necesaria. Del mismo modo que el perdón no es perdón más que cuando no hay razón para perdonar, ante la evidencia de un mal irreparable, la esperanza encuentra su sitio ante la mayor inquietud. «Lo que da claridad a la esperanza es la gravedad del instante en que se espera. Lo irreparable es su atmósfera natural. La esperanza no es esperanza más que cuando no cabe permitírsela».

Por otra parte, eso corresponde a la experiencia ordinaria. Lo sabemos bien: no es cuando todo va bien para nosotros y los que amamos, cuando estamos bien de salud y prósperos, cuando todo parece irnos bien, no es entonces cuando necesitamos esperanza. Es al contrario, cuando enfrentamos el fracaso, la enfermedad, el sufrimiento de los nuestros o la soledad, es en esos momentos en que la prueba nos alcanza, cuando la esperanza puede tener un sentido. El que encuentra todas las razones para ser optimista, ¿qué más puede esperar? El perdón no es perdón más que allí donde no hay lugar para la excusa; del mismo modo, la esperanza no es esperanza más que allí donde no hay ninguna razón para ser optimista.

Así pues, es en los momentos en que la esperanza es más difícil cuando es también más necesaria. No supone minimizar la realidad del mal, negar la amplitud del peligro, o tener la certeza inconmovible de que todo acabará siempre bien. Al contrario: esperar implica reconocer la prueba que se atraviesa, tomarse en serio lo que el presente y el futuro suscitan de inquietud. Volvamos a Bernanos: el pesimismo y el optimismo, escribía, «se parecen en que no ven las cosas como son»; constituyen así «las dos caras de una misma mentira». Esperar, por el contrario, comienza con un acto de lucidez. «La esperanza se conquista. No se va hasta la esperanza sino a través de la verdad, al precio de grandes esfuerzos y de una larga paciencia».

La esperanza no es en nada una manera barata de tranquilizarse ante la incertidumbre del mañana, ante la injusticia, el sufrimiento y la muerte. No tiene nada que ver con la cobardía de un consuelo demasiado confortable, con el opio tranquilizante de las masas que denunciaba Marx. Esperar, como perdonar, supone reconocer el mal, no eludir la oscuridad del tiempo —al contrario—. «Para encontrar la esperanza hay que ser llevado más allá de la desesperación. Cuando se va hasta el final de la noche, se encuentra otra aurora». Por eso hay que tener valor para esperar, como para perdonar —hace falta incluso, escribe Bernanos, «una determinación heroica»—. Amontonar las razones falaces para convencerse de que todo va bien, es una forma de cobardía. Asumir que la noche parece ganar sin renunciar sin embargo a desear otra aurora, es un acto de valor. No puede nacer en efecto más que de un combate difícil contra uno mismo, contra la tentación de la renuncia o del desaliento, contra la inclinación perezosa a gozar del corto plazo cuando el porvenir es demasiado inquietante. Esperar supone negarse a todas esas formas de mediocridad en las que, frente a la prueba, sentimos intensamente la necesidad de refugiarnos. Porque ella exige la lucidez más inconfortable de reconocer el mal, y de ir además más allá de él para no resignarse, la esperanza es ciertamente un combate. Y Bernanos lo afirma al ir incluso al cabo de esta aparente paradoja: «La esperanza es la más grande y la más difícil victoria que un hombre puede vencer sobre su alma».

Cuanto más negra es la noche, más raras las razones de creer aún en el porvenir, tanto más difícil es esta victoria, y sin embargo tiene sentido. Lo mismo que no hay materia para perdonar lo que ya está excusado, no tiene ningún sentido esperar cuando se tienen todas las razones para pensar que el progreso ya está en marcha. No se puede verdaderamente perdonar más que cuando no hay razón alguna para hacerlo; no se puede en verdad esperar sino cuando no hay razón para esperar. La esperanza no puede responder más que a situaciones desesperadas —el optimismo basta cuando todo parece camino de arreglarse—. «La más alta forma de la esperanza, escribe Bernanos, es la desesperación superada». Todo eso explica que podamos retomar aquí la provocación de Jankélévitch sobre el perdón: como ningún mal es tan absoluto para prohibir el perdón, ningún mal tampoco es demasiado abrumador como para impedir esperar. Ciertamente, cuanto mayor es la prueba, más difícil es esta elección; pero más grande es también. Y más puede cambiar la historia.

Porque, y este será el último punto de esta larga analogía, la esperanza tiene aún esto de común con el perdón, que ella puede transformar el momento en que llega. El optimismo, decíamos, es el mejor pretexto para la inacción: si prejuzgáis que pase lo que pase, todo se arreglará, ¿por qué habríais de cargar con el fardo de la acción? Dejad que pasen los acontecimientos: irán por sí mismos hacia el inevitable progreso. Es así como el optimismo puede precipitar la catástrofe justificando la inacción de los que, por el contrario, deberían advertir a tiempo la medida del peligro. Tampoco el pesimismo será más eficaz, pues legitimará la resignación perezosa por la convicción de que el mal está de todas formas demasiado desarrollado para que pudiésemos enfrentarlo. La esperanza lleva consigo una revolución en la existencia: consiste en reconocer lo que amenaza, apostando al tiempo por lo que salva. No niega el sufrimiento de la enfermedad, pero no renuncia a la curación. Sabiendo que todo parece perdido, apuesta por el deber de vencer. Implica reconocer el mal y apostar sin embargo su vida por la posibilidad de un bien.

Al hacerlo, la esperanza hace posible ese bien —esta curación, esta victoria que parecía fuera de alcance—. ¿Cuántos ejemplos nos ha dado la historia de estos actos de esperanza que han forzado el destino? En *Le Métier et la Vocation de politique,* Max Weber lo recuerda, con la seriedad del científico: «Es perfectamente exacto decir, y toda la experiencia histórica lo confirma, que no se hubiese podido nunca alcanzar lo posible, si en el mundo no se hubiese sin cesar y siempre tratado de conseguir lo imposible». Empeñarse en tal dirección, es precisamente esperar.

PENSAR PARA PODER ESPERAR

Aunque la esperanza no necesita razones para fundamentarse, ella no podría nacer sin embargo sin que hayamos intentado comprender el nudo que hay que deshacer —la realidad del mal, el movimiento de la historia, y el tiempo de nuestras vidas—. Este es el hilo conductor que nos ha llevado a reunir las tres conferencias que siguen. Inicialmente separadas, han sido reunidas aquí para poder iluminar juntas esta pregunta que las relaciona: «¿Qué puedo esperar?». De la prueba de la violencia a la promesa de la felicidad, por el camino de una reflexión sobre la idea misma de progreso, estos textos tienen el proyecto volver de nuevo a la pregunta eterna de la posibilidad de una esperanza, a fin de ayudarnos a enfrentar los desafíos que nos esperan hoy.

Las *Soirées de la Philo* [Veladas Filosóficas] han nacido hace justo diez años, de la demanda de algunos estudiantes deseosos de volver a la filosofía. La propuesta no ha variado, pero se ha difundido entre un público cada vez más numeroso, en escenarios parisinos y numerosas ciudades, en Francia y en Europa, que han acogido estos encuentros. Su eco no ha cesado, sin comunicación estudiada ni ruido mediático, sin embargo, y sin otro argumento publicitario que algunas cuestiones de filosofía renovadas cada temporada. En el curso de estos años, decenas de miles de personas han participado, de todas las generaciones —en la tarde de cada lunes tantos jóvenes, en particular, habrán sido para mí un signo de esperanza inagotable, si es que lo necesitaba—.

Las conferencias que tengo el gusto de compartir están estructuradas cada vez en torno a una cuestión; su única ambición, humilde pero exigente, es transmitir a todos los que lo deseen las páginas de la historia del pensamiento que, por su eterna actualidad, tienen tanto que decir a nuestro presente. Como muchos colegas profesores, que viven cada día el milagro paciente de la nueva libertad que la frecuentación de los textos más antiguos hace nacer aún en nuestros alumnos, no quiero ser aquí más que el portavoz de esos autores que nos preceden, nos superan y nos educan.

Esta es la razón por la que, precisión de método evidente pero necesaria, propongo sobre cada tema varias perspectivas posibles, con la voluntad de ofrecer al público un panorama de las controversias que han hecho la historia del pensamiento, y con la certeza de que cada uno hará de esto la materia de su propia reflexión. No hay que esperar por tanto que yo exponga aquí solamente mi posición personal: muchos autores de los que he intentado explicar lealmente su postura son contrarios a lo que yo creo. No hay nada de relativista en ese enfoque, al contrario: esforzarse en comprender el pensamiento de los demás es estimulante, útil, incluso necesario, para caminar hacia la verdad; y esta elección de método no me impide, como se verá aquí, arriesgar cada vez una proposición de respuesta —no para dar mi opinión, sino para asumir un compromiso intelectual, sin el cual no hay ninguna verdadera libertad en el pensamiento—.

22

¿SE PUEDE SOÑAR CON UN MUNDO SIN VIOLENCIA?

PORQUE AMAMOS LA FILOSOFÍA, somos con frecuencia idealistas y esperamos ver el mundo mejor de lo que es en verdad. ¿Es de esperar que mejore o hay que renunciar a eso de una vez por todas? ¿Hay que esperar cambiarlo o tomarlo como lo vemos? ¿Este mundo atravesado por tanta violencia es mejorable o hay que construir nuestras vidas para poder protegernos de esta violencia definitiva? En suma, entre la esperanza y la resignación, vamos a plantearnos esta cuestión: ¿se puede soñar con un mundo sin violencia?

Es una gran alegría ver que esta tarde sois tantos. Después de haber explorado el campo de la ética, a través de la experiencia de la responsabilidad, después de plantearnos la cuestión de saber si somos responsables de la naturaleza misma, vamos a llegar a lo que constituye la marca propia de la acción humana en medio de este mundo, es decir, la posibilidad de la violencia, esta violencia que no cesamos de constatar, de la que la actualidad no cesa de recordarnos tristemente la huella. Con esta violencia, ¿tenemos que resignarnos?, preguntaba yo al comenzar, ¿o por el contrario debemos intentar creer en nuestros sueños?

Antes que nada, reconozcamos que la violencia no es solo cosa de la acción humana; puede ser ella lo que define la realidad del ser. Quizá todo ser es, en tanto que es, violencia, es decir en tanto que atraviesa el mundo con su propia huella, que lo transforma y que actúa sobre él. Cuando hemos evocado la cuestión de la técnica, hemos conversado sobre la manera en que el gesto humano, el gesto del cuerpo, el gesto de la mano puede hacer violencia a la materia que lo rodea. Pero, reconozcámoslo, la violencia no es solamente un hecho humano. Aun teniendo las espaldas anchas, no podemos cargar con la responsabilidad de todo el cosmos. Es el mundo mismo el que es violento. Es la realidad la que es violencia. Se podría incluso decir que la esencia del ser es ejercer violencia, en el sentido de que todo ser actúa sobre lo que está a su alrededor, y transforma lo que le rodea.

Todo ser, pues, hace violencia a la realidad preexistente. Es lo que nos decía un autor muy antiguo, un autor de la más alta Antigüedad, un pensador presocrático, Heráclito —al que se llamaba también el Obscuro, por el carácter misterioso de los textos que se han encontrado de él—. No conservamos más que cortos fragmentos de lo que debía ser un gran poema titulado *De la nature*. Y de esos fragmentos, seguro que conocéis algunos. Citemos, por ejemplo, la fórmula tan célebre:

24

Panta rhei.

Que significa: «Todo fluye». Heráclito es el que piensa en la fluidez de lo real, el hecho de que lo real no cesa de transformarse, de cambiar; y que en ese cambio perpetuo, lo real no cesa de remplazar a lo antiguo por lo nuevo, no cesa de destruir lo que es para remplazarlo por lo que no es todavía. Y en este universal remplazamiento, se podría decir que lo real es todo entero violencia. La esencia misma de la realidad, en ese movimiento perpetuo que presenta a nuestros sentidos, es la destrucción de lo que es, y su remplazamiento por lo que adviene. Y eso que adviene será a su vez destruido por lo que está para venir. En suma, el combate es la esencia del ser. El combate es lo esencial de la realidad: *«Polemos»*, escribió Heráclito en uno de sus fragmentos misteriosos, *«Polemos»*, es decir, el combate, la guerra, la violencia:

> *Polemos* es el padre y el amo de todas las cosas, y de todas las cosas, el rey.

Todo es violencia, todo es conflicto, todo es lucha. Y la vida está hecha de luchas. No hay vida que no sea ante todo expuesta a la violencia, y actriz de la violencia. No hay tampoco, puesto que es el caso para todo el cosmos, vida humana en el seno de ese cosmos que no sea también violenta. Finalmente, hay quizá algo en la violencia que parece ser la condición de la existencia, y puesto que esta es lo que más nos interesa, por supuesto, hay en la vida humana una experiencia marcada siempre por esta violencia, que quizá es la primera experiencia que nos ata

25

a los demás. Si la esencia misma de lo real es la violencia y la lucha, ¿no se podrá decir entonces con mayor razón que la esencia misma de la vida es también la lucha y la violencia? ¿Cuál es el primer vínculo que nos relaciona a unos con otros? ¿Por qué entramos en relación de manera originaria? Albert Cohen escribe:

> Quien sonríe señala al homínido de enfrente que él es pacífico, que no le morderá con sus dientes, y para probarlo se los muestra, inofensivos. Mostrar los dientes y no servirse de ellos para atacar se ha convertido en un saludo de paz[1].

Cuando sonreímos, mostramos los dientes, como seres que se miran y muestran que podrían hacerse daño. Quizá sea esa, de manera implícita o explícita, la indicación de que la posibilidad de la violencia está contenida en la primera relación, el primer contacto entre los seres humanos.

Uno de los que han pensado de una manera casi metafísica la experiencia del viviente en relación con otras conciencias es el filósofo Hegel. En la *Fenomenología del espíritu*, Hegel intenta describir lo que se produce en el primer contacto. De hecho, yo soy viviente y consciente de estar vivo, y hay algo que hace la singularidad de mi vida: soy una vida consciente de ella misma. ¿Y qué quiere decir una vida consciente de ella misma? Soy una vida abierta a posibles que quiero determinar por mí mismo, que quiero poder elegir, en los que quiero poder decidir. Eso es lo que quiere decir ser consciente. Soy libre, me sé libre, me quiero libre, quiero poder, quiero querer, quiero poder elegirme —elegir

---

[1] Albert Cohen, *Belle du Seigneur*, Gallimard, 1968.

mi vida y no sufrirla—. Eso es lo que quiere decir tener una conciencia. El verdadero problema no está en el hecho de tener una conciencia; el verdadero problema no está en el hecho de ser libre, y de ser consciente de eso; el verdadero gran problema es que vosotros estéis ahí, y que también tengáis la misma percepción, que también vosotros os sentáis libres, y que queráis serlo verdaderamente.

Y la dificultad comienza en el momento en que nosotros nos crucemos, en que nos encontremos. Porque el hecho de que seáis conscientes actuantes quiere decir que yo no soy el único ser libre en el mundo, que no soy toda la libertad del mundo, que no lo puedo todo puesto que vosotros estáis también aquí. Soy un sujeto, es decir, que digo *yo*. Y quiero poder decir *yo*, quiero poder escribir mi propia vida a partir de esta primera persona del singular, quiero poder decir: *yo* soy, *yo* hago. Pero vosotros estáis ahí también, y queréis la misma cosa. ¿Y qué va a pasar, evidentemente? ¿Qué es lo primero que va a suceder entre nosotros? ¿Cuál es la primera relación entre los hombres, sino la violencia? Porque hay, en cierta manera, alguien que está de más entre dos seres que dicen *yo*; hay alguien que sobra entre nosotros. Y no podemos pretender juntos, cada uno de nosotros, ser absolutamente libres, si lo sois tanto como yo.

Es necesario que podamos zanjar eso: si tú decides del mundo o si decido yo. Ya ves que hay una perturbación, algo que necesariamente viene a complicar nuestra existencia por la simple presencia del otro. En realidad, eso no es del todo anecdótico, es el hecho mismo de la existencia del otro lo que arruina mi propia seguridad, mi confort, mi tranquilidad; y sobre todo, la vida del otro me perturba en el sentido de que puede él también pretender lo que yo querría.

Esto es justamente lo que ha evocado —volveré a Hegel enseguida, para no decir más que unas pocas palabras, demasiado poco, pero no se puede hablar de todo— un gran filósofo francés, contemporáneo, cercano a nosotros, que se llama René Girard. Sabéis que René Girard es quien ha intentado comprender la estructura misma del deseo, y desenmascarar lo que él llamaba la ilusión romántica, es decir, la idea de que estoy yo y el objeto de mi deseo, y que estamos solos en el mundo: yo el sujeto y él el objeto. En realidad, detrás de esta ilusión romántica que nos hace creer en la simplicidad de una relación binaria, en el interior del deseo, entre lo que deseo y yo hay en el deseo una relación ternaria: estoy yo, el otro, y lo que el otro desea. Y como por azar, lo que el otro desea es siempre la misma cosa que deseo yo mismo. El deseo es mimético; imitamos nuestros deseos. Deseamos las mismas cosas, en el mismo momento como por azar. Poned a dos niños pequeños en una habitación llena de juguetes: al cabo de un momento muy corto estarán discutiendo para tener el mismo juguete. Y ya podéis decirles: pero mira, la habitación está llena, tú no tienes más que escoger, ¿no prefieres este o ese otro? No, no, él quiere exactamente el que el otro está manejando. Quiere ese y ningún otro. ¿Por qué? Porque el hecho de obtenerlo significará la superioridad de su deseo sobre el deseo del otro, la supremacía de su voluntad sobre la voluntad del otro. Lo que deseo de hecho, no es verdaderamente ese objeto. Si elijo este objeto es porque quiero poder suscitar el deseo del otro, quiero poder suscitar su celotipia. Y cuando vea

28

la mirada del otro sobre lo que yo tenga, cuando vea en la mirada del otro encenderse esa punta de envidia, que no será otra cosa que el reconocimiento de su impotencia ante mi poder superior, entonces habré obtenido lo que deseo de verdad: no este objeto —del que me desprenderé por otra parte en cuanto lo haya obtenido—, sino el sentimiento de que yo existo, y que el otro está obligado a reconocerlo, que el otro está obligado a contar con mi propia existencia, con mi propio poder de actuar.

El verano pasado puse a jugar a mis dos sobrinitas en un columpio. Encantador espectáculo que se podría creer irénico, idealista y tranquilo, ¡pues no! ¿Se puede soñar con un mundo sin violencia? Cada una de las dos quería el columpio de la otra.

Si miráis cómo funciona el marketing, no veréis más que el deseo mimético estimulado en todas partes. Sobre el deseo mimético se fundamentan todas las promesas de la publicidad. No se os vende un automóvil explicándoos que es mejor que los demás y sus performances son superiores, ventajosas, racionalmente preferibles, ¡no! Se os vende un coche mostrándoos cómo los que lo conducen son guapos, ricos, poderosos —tienen el aire de ser envidiables; y cómo vosotros seréis envidiables para todos los que os verán conducirlo cuando lo compréis—. En las representaciones que la sociedad de consumo produce a nuestro alrededor, hay una pura y única racionalidad que es la de este deseo mimético que, si se mira bien, se expresa en la verdad del relato, mucho más que en la ilusión romántica, según nos dice René Girard[2].

---

[2] *Mesonge romantique et Vérité romanesque*, Grasset, 1961.

Y esa es la razón por la que el deseo, necesariamente, produce la violencia. Es la razón por la que la sociedad, necesariamente, está compuesta de violencia; el «vivir juntos» se describe como un valor supremo, pero no hay nada más espantoso que el vivir unos con otros. Hablamos de eso como si fuese una promesa de paz y felicidad. Pero el vivir juntos, es el infierno. Hay que romper con la ilusión romántica, no soñar ya con un mundo sin violencia. Vivir con los demás es el comienzo de todos los problemas, porque es desear juntos exactamente la misma cosa y pasar nuestro tiempo combatiendo para obtener lo que el otro desea. Nunca hemos cambiado. En realidad, la sociedad produce ese mimetismo, produce este «infierno de lo mismo» del que habla René Girard. Solo el surgimiento de una diferencia radical, el impedimento de estar juntos, podría hacernos escapar de esta pesadilla absoluta que es el infierno de lo mismo, es decir, el infierno de la violencia mimética producida por la convergencia de nuestros deseos. Porque, en realidad, detrás del deseo se juega, no el deseo de un objeto por sus cualidades intrínsecas que lo harían deseable, sino el hecho de que ese objeto deviene para mí el pretexto para el acta de reconocimiento que quiero obtener del otro: quiero que el otro reconozca que soy libre, que soy poderoso, que puedo actuar, que soy verdaderamente un sujeto.

Y es aquí donde retomamos la dialéctica hegeliana. Si estoy solo en el mundo, todo va bien. Llega el otro, y comienzan los problemas. ¿Qué va a pasar de hecho? Soy un sujeto, yo digo *yo*, quiero decir: yo hago. Y vosotros sois también sujetos. Y, sin embargo, no os percibo como tales, os percibo como objetos. Sois para mí objetos; sois ante todo objetos de mi percepción. Y luego, quiero, en cierta manera, reduciros a ese estado de objetos para ser yo el único sujeto. Y esa es la razón por la que vamos a entrar en guerra: así comienza la confrontación. La violencia es la primera forma del encuentro con los demás. Todo comienza por la violencia, por una guerra a muerte cuyo asunto es absolutamente único: el asunto no es el objeto de la guerra —no hay objeto de la guerra—, el asunto es el reconocimiento, la lucha por el reconocimiento. Todos lo sabéis, tenemos sed, gran sed de ser reconocidos: sed de ser reconocidos como personas, como sujetos libres, capaces de ser los autores de nuestra propia existencia. Pero esta sed de reconocimiento no tiene nada de tranquila ni pacífica: comienza por la violencia.

Si queréis ver a qué se parece el encuentro inicial entre las personas, mirad lo que sucede en la relación entre los Estados, que no es otra cosa que la manera más simple y más trivial para nosotros de observar este encuentro interhumano en su forma más orgánica, la menos disimulada, la más explícita. Los Estados son capaces de hacerse la guerra, y de hacerse la guerra a muerte, literalmente, de causar millares, a veces millones de muertes. ¿Por qué? No porque saldrá de ahí algo bueno para ellos, sino para poder asentar el reconocimiento que quieren conquistar sobre el otro. ¿Por qué la Alsacia y la Lorena han sido objeto de disputas durante más de un siglo? No tanto porque tuviesen una importancia estratégica vital para la soberanía de cada uno de los países implicados, sino porque quien poseyera la Alsacia y la Lorena poseía el trofeo que deseaba el otro, y podía así mostrar que era el más poderoso; y porque el rival privado de Alsacia y Lorena quedaba humillado, y desgarrado por su impotencia. Lo mismo sucede en las relaciones entre las personas, como entre los grupos humanos, entre las sociedades, entre las naciones.

El primer encuentro es el de la violencia. Todo comienza por una guerra a muerte, una guerra por el reconocimiento. Y en esta guerra hay dos elecciones posibles, en realidad, dos opciones disponibles: de un lado quien preferirá salvar la vida, aunque pierda su libertad (el que preferirá someterse al elegir su seguridad); y de otra, quien preferirá por el contrario luchar hasta el final en nombre de su libertad, que querrá ser reconocido pase lo que pase, aun cuando debiera arriesgarse a perder la vida. El que prefiere su seguridad y que elegirá parar la lucha para no morir, aceptará servir, y será esclavo; el que quiera, pase lo que pase, dominar y ganar, afirmar su supremacía incluso arriesgando su propia vida, será el amo. ¿Qué será del esclavo? Se convierte en un objeto a disposición del amo, deviene disponible. ¿Por qué la violencia es el primero de nuestros encuentros? Pues bien, porque no queremos devenir objetos. ¿Y qué pone fin a la violencia? El momento en que uno se somete, en que se acepta ser dominado, ser dirigido por la voluntad de otro. La violencia es lo propio de esta existencia, desde la primera relación inevitable con la existencia de otro. Todo comienza por la violencia, no se puede soñar con un mundo sin violencia más que por el juego de la dialéctica, es decir, de las etapas sucesivas por las cuales esta relación de dominación va a cristalizarse en una relación de amo a esclavo de dominante a dominado.

El momento en que la violencia se detiene, es el momento en que ella cristaliza en una relación de dominación. Pero si lo miráis bien, la historia no es otra cosa

32

que una sucesión de empujones de violencia que se interrumpen por momentos, para cristalizarse en relaciones de dominación, y que se reanudan luego en un juego dialéctico de reversiones perpetuas, para poder transformarse en otras relaciones de dominación, que se suceden las unas a las otras. La vida es una sucesión de etapas de violencia destructora, que crean un nuevo estado de destrucciones creadoras, una sucesión de cambios, por los que todo lo existente se destruye para encontrarse contenido en el estado ulterior de la relación histórica que se construye entre los hombres. Eso es la historia: una sucesión de momentos de violencia, entre los que se intercalan momentos de estabilidad, momentos tranquilos, quizá incluso felices, aunque sean momentos de dominación instalada, pero que no son páginas vacías. No existe una época tranquila que sea una gran página de la historia. Los grandes momentos de la historia —los que han hecho a los grandes hombres, las grandes acciones— han sido grandes momentos de violencia, de lucha, de conflictos, de reversiones en las relaciones de dominación. Pues la historia no se detiene ahí donde Hegel describía ese primer estado de cosas: conflicto originario, batalla, violencia, retirada de uno de los combatientes y cristalización de la relación de dominación (de un lado el amo, de otro el esclavo). Después de eso, la historia sigue su camino.

¿Qué va a hacer el esclavo por el amo? Trabaja la tierra, deviene de algún modo un útil, un instrumento enteramente en la mano del amo, hace por él el esfuerzo de gastarse en la labor para que el amo pueda poseer y gozar de los frutos de su trabajo. Pero mirad lo que sucede; desde ese punto de vista, por otra parte, Hegel había

sin duda advertido la manera en que, de modo dialéctico justamente, las relaciones terminan por invertirse, son
contestadas un día, y se transforman progresivamente. El
esclavo trabaja para el amo, y el amo lo es en el sentido
de que él no trabaja. Pero cuando trabajamos, hacemos
además otra cosa que lo que estamos produciendo. El que
trabaja la tierra hace algo más que producir lo que nace
de sus manos, produce también una cierta habilidad para
el trabajo, una experiencia, facultades inéditas. El arte-
sano que fabrica un objeto no solo fabrica eso, obtiene
también al hacerlo su propia habilidad técnica. Lo que
hacemos nos hace.

«Herrando se deviene herrero», ¿no es así? Y el que
forja no solo produce objetos forjados, se produce también a él mismo como herrero: se esculpe, se transforma,
se perfecciona. El amo, que no trabaja, no perfecciona
nada en él. Su dominación está asentada sobre la fuerza brutal de ese primer combate, del combate originario,
pero él se ha convertido subrepticiamente, sin saberlo,
sin darse cuenta, en dependiente del esclavo mismo, dependiente del saber hacer del esclavo que produce para él
las condiciones de su supervivencia; tiene necesidad del
esclavo para lo que él es incapaz de hacer por sí mismo. La
relación amo-esclavo no dura más que un tiempo; y esa es
la razón por la que, de manera recurrente en la historia, la
violencia recupera su curso. Pues un día, el esclavo se da
cuenta de que el amo depende de él. Y en esta experiencia
de servidumbre, el esclavo toma conciencia de que el amo
se ha convertido en su esclavo, porque no puede vivir sin
él. El amo se convierte en esclavo del esclavo, y el esclavo
en amo del amo. Reversión. *Aufhebung*, dirá Hegel, es

decir, superación de la situación inicial, y remplazamiento de esta situación por la violencia y por el conflicto que vuelve a empezar, en beneficio de otro estado, de otra relación de fuerza, de otra transformación. Eso es lo que se llama la historia.

La historia es el estrépito de la destrucción de las relaciones temporalmente instaladas, que revierten en nuevos estados de violencia, en nuevos empujones de violencia. Pues no sin violencia el esclavo se hace el amo del amo, y el amo, esclavo del esclavo. En el intervalo, todo un mundo se destruye, y todo un mundo nuevo llega.

Es por la violencia como se pasan las páginas de la historia: la violencia está al principio y en todos los momentos sangrientos que hacen de la historia lo que ella es. La violencia que destruye es condición para que cree un nuevo estado de cosas, una nueva relación de fuerza, una nueva configuración de todas las relaciones humanas y civilizaciones. El amo deviene el esclavo del esclavo, el esclavo deviene el amo del amo. Eso sucede en todas las civilizaciones que, en el momento de su prosperidad, pasan a otros el trabajo duro y penoso que ellas no quieren ya asumir. Eso no se hace forzosamente en forma de esclavitud, en el sentido clásico de ese término.

Hay tantas otras formas con las que hacemos de los demás objetos de nuestro querer; y hay tantas otras formas por las que, un día, esos otros a los que hemos hecho objetos por un acto de violencia se vuelven contra nosotros por otro acto de violencia, y escriben una nueva página de la historia mundial, una nueva página de la historia de la libertad porque, en el fondo, es siempre en la violencia como la libertad progresa. No olvidemos, por supuesto, que Hegel es contemporáneo de la Revolución francesa. Ha visto en ella la violencia destructora, fascinante, y al mismo tiempo creadora de un nuevo mundo. Hay que aceptar que la violencia sea indisociable de todas las carnicerías de la historia, aceptar que, en todos los momentos en que algo progresa, otro algo sea destruido. Esto es lo que hace lo que admiramos en la historia, por lo demás.

Los grandes hombres no han elegido el confort, nos dice Hegel, en *La razón en la historia*. «Una vez alcanzado su objetivo, no llegan a un tranquilo disfrute, no han sido felices».

Los grandes hombres no han vivido una vida confortable y tranquila, esos cuyos destinos hemos considerado como grandes páginas de la historia no han sido tranquilos burgueses; han sido los actores de una historia hecha por ellos y que los ha destruido a todos. El gran hombre, para Hegel, era por ejemplo Napoleón: la encarnación del hombre histórico, del gran hombre. Hegel trabajaba en Jena en 1806; estaba escribiendo la *Fenomenología del espíritu*, cuando vio a Napoleón entrar en la ciudad; y Hegel, aunque era prusiano, dirá que, al ver desde su ventana pasar el cortejo de Napoleón, ha visto el alma del mundo atravesar a caballo los muros de la ciudad. Fascinación excepcional de Hegel por Napoleón… Pero a pesar de este rol, Napoleón por cierto no ha sido feliz en el sentido trivial de este término; no ha vivido en un estado de satisfacción tranquila y pacífica, gozando de bienes de consumo sin peligro. No, Napoleón ha vivido directamente la violencia de la historia hasta en su propia historia. Eso se terminó, por supuesto, en Santa Elena.

Arcole y Austerlitz son grandes; pero por cada día de una victoria histórica vale la advertencia de Hugo a Napoleón:

Mañana, es el caballo que se abate blanco de espuma. Mañana, oh conquistador, es Moscú que arde en la noche como una antorcha.

Es vuestra vieja guardia a lo lejos que cubre la llanura. ¡Mañana es Waterloo! ¡Mañana, es Santa Elena! ¡Mañana, es la tumba![3].

Esta destrucción que la historia hace soportar a todos los que la hacen, este fracaso, esta violencia son consustanciales al actor histórico mismo. Y, por otra parte, no es solo a sí mismo lo que Napoleón ha destruido: él ha destruido, por supuesto, muy ampliamente a su alrededor. Hegel lo reconoce con gusto:

Persiguiendo sus grandes intereses, los grandes hombres a menudo han tratado a la ligera, sin miramientos, otros intereses venerables en sí, e incluso derechos sagrados. Hay en eso una manera de conducirse que está seguramente expuesta a la sanción moral. Pero su posición es otra. Una tan gran figura aplasta necesariamente toda flor inocente, lo arruina todo a su paso.

Comprendéis bien que, en este sentimiento de la violencia necesaria en la historia que se está haciendo, no hará falta sobre todo que quien tiene el sentimiento de estar escribiéndola se preocupe por los destrozos colaterales que él puede llegar a causar. La historia se opera en

---

[3] *Napoleón II*, poema de Víctor Hugo.

la violencia. Imaginad por un segundo que la Revolución francesa hubiese estado preocupada por una violencia superflua: nunca se hubiera hecho. Entonces, mirando atrás, se puede decir: ¡cuántas violencias inútiles! Pero ¿cómo se hubiese podido revertir un mundo sin hacerle violencia? La historia es así. Y Hegel nos dice que no hay que preocuparse por las florecitas inocentes que se puedan aplastar en el camino, cuando se hace progresar la historia. La reversión de esas relaciones de dominación, la transformación de estas relaciones de violencia que han cristalizado entre los hombres, todo eso se hace también por la violencia. Y es así como la historia avanza. En el fondo, es lo que hace la vida misma, es lo que hace la realidad misma, es lo que hace eso que Hegel llama la dialéctica.

La dialéctica es eso por lo que los estados pasados del ser, destruidos y negados, están contenidos sin embargo en el presente. Cuando, por ejemplo, el amo deviene el esclavo del esclavo, el esclavo deviene el amo del amo. Pero el amo que ha devenido del antiguo esclavo no es en nada semejante al que surgió del combate inicial: es un amo mucho más sofisticado, competente, un amo instruido por su experiencia pasada; es un amo que contiene en él el antiguo esclavo que ha sido. No hay en absoluto el mismo modo de ser amo en la dominación de quien fue esclavo, mantenido bajo el dominio de quien por la fuerza bruta obtuvo la supremacía en el combate inicial. Lo real es una sucesión de violencias que destruyen para poder crear. Pero es una sucesión progresiva, que crece en cada destrucción, que aumenta la novedad del presente con todo lo que ha sido revertido antes y se encuentra contenido aún en lo destruido. Es una violencia creadora, es una violencia sucesiva. En este sentido, Hegel es fundamentalmente un heredero de Heráclito:

> *Polemos* es el padre y el amo de todas las cosas, y de todas las cosas el rey.

Nuestra vida está hecha de una sucesión de momentos críticos. Y seríamos bien desgraciados si esperásemos encontrar una forma de reposo tranquilo, si tuviésemos la nostalgia de una inercia tranquila. Una vida sin violencia: pero eso no sería ya del todo una vida. La vida es una sucesión de crisis. Sin duda hemos de consolarnos con esta evidencia tan simple; sin duda hemos de resignarnos a que la estabilidad no forme parte de nuestra existencia, como tampoco forma parte de la historia de este mundo.

¿Se puede soñar con un mundo sin violencia? Solo se puede con una condición. Puesto que la historia es violencia, la única condición para soñar con un mundo sin violencia es soñar con el mundo que llegará al final de la historia, en el momento en que la historia se acabe. Es en ese momento donde desemboca y culmina toda la obra de Hegel. Eso es lo que nos promete Hegel: esta sucesión de reversiones creadoras, esta sucesión de destrucciones creadoras, no es un juego a fin de cuentas.

Hay, por la violencia, un progreso de la conciencia de la libertad. Y todo esto tendrá un fin, un punto de llegada; todo esto conducirá a una reversión final. Y esa reversión marcará el fin de la historia.

Podemos soñar con un mundo sin violencia, si comenzamos a soñar con un mundo que surgirá de la historia, un mundo en que las peripecias de la historia humana hubieran terminado definitivamente. Uno de los que más directa, clara y explícitamente han encarnado la gran promesa hegeliana del fin de la historia, es evidentemente uno de los más grandes lectores de Hegel, Karl Marx. Marx es un hegeliano. Él también piensa que la historia es dialéctica, que está hecha de luchas y conflictos. La primera frase del *Manifiesto del partido comunista,* publicado con Engels, en 1848, lo dice claramente:

> La historia de toda sociedad hasta nuestros días es la historia de las luchas de clases.

Podéis comprenderlo todo de la historia humana, según ellos, si comprendéis que la historia no tiene más que un solo motor, una sola clave de explicación, un solo principio de interpretación: lo que se juega en la historia es una relación de violencia, la de las clases. Por decirlo de manera esquemática, hay dos clases sociales. Los que poseen el capital, es decir, los medios para producir lo necesario para nuestras vidas, eso que necesitamos para alimentarnos, cuidarnos, alojarnos... Y de otro lado, los que, no teniendo los medios de producción, no tienen otro recurso para sobrevivir que vender todo lo que les queda, es decir, su fuerza de trabajo. De un lado «los capitalistas», los poderosos, los dominantes; del otro lado «los proletarios», los oprimidos, los dominados. Se puede replicar esto hasta el infinito. Toma formas muy diferentes según la historia, adopta configuraciones singulares. Pero, para ellos, «toda la historia de la humanidad» se reduce a la confrontación entre dos clases sociales. Y podéis encontrar esta confrontación en todas las páginas de la historia, cualesquiera sean las que leáis; todo se explica así.

Una vez afirmado eso, si todo se explica en la historia por este motor, hay ahora que abrir la vía a la salida de la historia. Hay que suscitar la última peripecia, escribir la última página, organizar la última violencia. Es lo que se llamará la revolución, la última reversión.

La revolución es una operación violenta. Es una violencia asumida, perfectamente reivindicada. Es necesario que esta violencia tenga lugar. Y una vez más, cuando el proletariado escriba esta gran página de la historia, no habrá que preocuparse por «aplastar las florecillas inocentes en el camino». Es así como avanza la historia, por la violencia. Pero en esta gran reversión, llegaremos, por la «dictadura del proletariado», a establecer una «sociedad sin clases».

¿Qué quiere decir una «sociedad sin clases»? Quiere decir que no habrá ya capitalistas y proletarios, no habrá dominantes y dominados, no habrá ya en absoluto clases sociales. Y si no hay ya clases sociales, si toda la sociedad está hecha de una sola clase, no habrá ya lucha de clases. El combate cesará a falta de combatientes. Y puesto que «toda la historia de la humanidad desde los orígenes es la historia de la lucha de clases», el final de la lucha de clases será el final de la historia. Eso es lo que todas las filosofías de la historia del siglo XIX se han esforzado en buscar, en diseñar; lo que todas las grandes ideologías han prometido, eso a lo que han aspirado todas. Saldremos de la historia, y en consecuencia, saldremos de la violencia. Ya no habrá más luchas, más conflictos sociales, puesto que solo habrá una clase social animada únicamente por el interés colectivo. No habrá más tensiones ni rivalidades; en el fondo, no habrá más actualidad en el sentido que la conocemos hoy. Para ser más preciso, las únicas noticias que quedarán serán nuestros últimos descubrimientos en materia de ciencia o de arte, o bien los últimos resultados deportivos. Así que se continuará haciendo deporte, y para eso, como escribía Cournot:

> Si nada detiene la civilización general en su marcha progresiva, debe también llegar un tiempo en que las naciones tendrán más cuentos que historias; en que el mundo civilizado habrá salido, por así decir, de la fase histórica[4].

La historia habrá terminado. El mundo sin violencia, el único mundo con que se puede soñar, es el que saldrá de la historia tal como la conocemos hoy. No se guardarán ya grandes fechas. No habrá ya grandes momentos, ni grandes batallas, quizá incluso ni grandes hombres. Viviremos una existencia pacífica, viviremos «el gran domingo de la vida». Puesto que no hay historia sin violencia, se podría decir que todo el trabajo del marxismo ha consistido en hacer venir a la tierra la promesa religiosa de una salida de la historia en la eternidad del paraíso.

Pues, por supuesto, el único mundo sin violencia con el que se pueda soñar parece ser el que la religión nos presenta, ese mundo de después del mundo, esta vida después de la vida, este «ultramundo» del que habla Nietzsche, en el que como dice Isaías, «el lobo pacerá

---

[4] Cournot, *Considérations sur la marche des idées et des événements dans les temps modernes.*

con el cordero, el león, como el buey comerá hierba». El mundo sin violencia es el paraíso. Y el marxismo no ha hecho otra cosa que prometernos el paraíso en la tierra, es decir, construir esta salida de la historia aquí abajo en lugar de esperarla en el más allá; el marxismo no ha hecho otra cosa que, denunciando la religión como el opio del pueblo, intentar crear las condiciones para que la promesa de la religión devenga la verdad de la vida terrestre de los hombres. ¿No es algo peligroso creer que esta promesa pueda un día cumplirse?

¿No es un error fundamental razonar sobre el fin de la historia a partir de esta promesa religiosa? Y por lo demás, ¿no será necesario desde este punto de vista tratar de distinguir cuidadosamente el sueño religioso del paraíso de la realidad terrena sobre la que debemos actuar?

Quizá, en lugar de soñar con un mundo sin violencia, habría que resignarse a que la violencia —de manera ciega, sin servir a ningún progreso, sin ninguna mejora—, una violencia que no tiene ningún sentido, ni siquiera el de una revelación progresiva de la libertad en la historia, la violencia bruta, estúpida, sea la condición humana. Después de todo, es sin duda esto sobre lo que la política debe apoyarse si quiere ser razonable. Nada sería más peligroso, y nada ha sido más peligroso, que confiar la política a grandes idealistas que soñaban con un mundo sin violencia. Basta mirar lo que ha sido el resultado de las grandes ideologías. Por supuesto, no basta jamás apoyarse sobre experiencias para denunciar conceptos...

«Los hechos no penetran en el mundo en que viven nuestras creencias», escribió Proust en *Por el camino de Swann*.

Claro que no se evacúa el marxismo explicando que los que lo han seguido han producido catástrofes. Y sin embargo, sin duda es necesario estar un poco alerta. ¿No es el sueño de un mundo sin violencia, el medio más seguro de terminar por maximizarla, llevándola a su paroxismo? ¿No será necesario, para preservarse de la violencia, comenzar por reconocer que ella es, de manera permanente, nuestra propia condición terrena; que vivimos siempre bajo la amenaza de la violencia, sin ninguna especie de curación última que liberaría de ella a una sociedad; y que lo que cuenta no es soñar con un mundo sin violencia, sino construir un mundo que nos permita estar sencilla, concreta y eficazmente protegidos? Eso en el fondo es lo que hace grande la distinción que nos propone Max Weber, de quien os he hablado ya brevemente en nuestra velada sobre la responsabilidad.

Max Weber, os decía resumiendo, es este autor que, en 1919, en una conferencia célebre titulada *El oficio y la vocación de político*, ha distinguido las dos formas de ética que el político puede encontrar. Hay de un lado una ética absoluta, una moral absoluta fundada en principios, una moral que se puede leer de manera radical, por ejemplo en la religión, por ejemplo en el Evangelio. La moral del Evangelio dice:

No matarás.

Es una regla absoluta: no matarás nunca. Es la moral deontológica, de la que conversamos en nuestra última velada. De un lado una moral de los principios, una moral de las convicciones, una «ética de la convicción»; y luego de otro lado una distinta forma de ética, la que se preocupa de las consecuencias, que mira el efecto real de nuestros actos, una «ética de la responsabilidad». «Ética de convicción», «ética de la responsabilidad». Desde el punto de vista de la «ética de la convicción», la violencia es forzosamente un mal: nunca se puede pactar con ella, nunca acomodarse a ella, no resignarse jamás a eso. Para la «ética de la convicción», debemos perseguir un ideal absoluto, que no renuncia jamás, que no se compromete en nada. Desde el punto de vista de la «ética de la responsabilidad», si quieres protegerte de la violencia debes saber que existe, y debes comenzar por aceptar ser violento para poder evitarla —para evitar ser la víctima, debes a veces ser el autor—. Ahí aparece un punto de bifurcación. ¿Se puede soñar con un mundo sin violencia? Sí, dirá Weber: es una opción legítima y también simpática. Se puede soñar con un mundo sin violencia, pero entonces hay que abstenerse con cuidado de hacer política, pues se corre el riesgo de estar muy rápidamente en conflicto con la realidad. Cito a Weber:

El Sermón de la montaña —entiendo por eso la ética absoluta del Evangelio— es una cosa mucho más seria de lo que creen quienes en nuestros días citan sus mandamientos. No se bromea con eso. [...] No es un carruaje que se pueda hacer parar a nuestro gusto para subir en él o descender según el caso. A menos que se vea allí un conjunto de trivialidades, la ética del Evangelio es una moral del "todo o nada". [...] El mandamiento del Evangelio es incondicional y unívoco: da todo lo que posees —absolutamente todo, sin reserva—. El hombre político dirá que ese mandamiento no es más que una exigencia social irrealizable y absurda mientras no se aplique a todo el mundo. En consecuencia, el hombre político propondrá la supresión de la propiedad por fiscalidad, imposición, confiscación —en suma, la coacción y la reglamentación dirigidas contra todo el mundo—. Pero el mandamiento ético no se ocupa en absoluto de eso, está ahí lo suyo propio. Dice aún: «¡Presenta la otra mejilla!». Inmediatamente, sin incluso preguntar al otro por qué cree que debe golpearte. Ética sin dignidad, se dirá. Sí —salvo para el santo—. Porque es bien eso: hay que ser un santo en todo, o al menos querer serlo, y vivir como Jesús, los Apóstoles, san Francisco de Asís y sus semejantes, pues entonces tiene un sentido y expresa una dignidad. En caso contrario no la tiene. En consecuencia, si la ética acósmica del amor (acósmica porque es una ética que está en cierta manera fuera del mundo, que no se preocupa por el estado del mundo), nos dice: «No resistas al mal por la fuerza», el hombre político por el contrario dirá: «Debes oponerte al mal por la fuerza, si no, tú eres responsable de su triunfo».

«Por la fuerza»: entended evidentemente por eso, no la fuerza pacífica y tranquila, sino la violencia. «No resistas al mal por la violencia», dice la ética del Evangelio. Eso es lo que se llama soñar con un mundo sin violencia: soñar con un mundo en que todos los hombres se han convertido al bien, la violencia no existiría ya. Es el mundo en que se puede aspirar al «domingo de la vida». ¿Y qué es el domingo sino el día del Señor, el día de ese paraíso al fin reconquistado en la tierra o en los cielos? Ese es un mundo sin violencia tal como podemos esperarlo. Pero el político, es decir, cada uno de nosotros en tanto que somos responsables de este mundo, debe mirar las cosas con lucidez. Y si la ética del Evangelio nos dice, desde el punto de vista de las convicciones: «No resistas al mal por la violencia», el responsable político dirá: tengo en cuenta las consecuencias, y debo resistir al mal por la violencia para evitar que el mal triunfe. Eso es incluso lo que define la política en tanto que tal.

No se puede soñar con un mundo sin violencia si se hace política, pues la política no es otra cosa que violencia. Es incluso su definición. No en el sentido en que se la podría entender espontáneamente, el de las contiendas mediocres entre los individuos que se entregan a ellas; sino en el sentido en que la política consiste en pactar con la violencia. ¿Qué es lo que define en efecto la política? ¿Qué es lo que define al Estado? ¿En qué se reconoce un Estado? No es tan sencillo. ¿Es que el Estado se define por sus objetivos, por ejemplo el hecho de que quiere asegurar la seguridad, o permitir la educación, promover la salud, desarrollar el justo reparto de las riquezas? ¡En absoluto! Muchas personas privadas pueden tener esos objetivos, y pueden incluso conseguirlos de una manera más eficaz que muchos Estados. El Estado no se define por sus objetivos. Puede compartir tales objetivos con muchos actores privados. No, lo que define al Estado, dice Weber, es su medio, el «medio que le es propio»; y ese medio es la violencia, reivindicada como legítima. Como lo escribe Weber:

El Estado es la agrupación humana que, sobre un territorio dado, reivindica con éxito por su propia cuenta el monopolio de la violencia física legítima.

Esta definición decisiva se cita con frecuencia de manera muy aproximada, hasta el punto de dar lugar a contrasentidos peligrosos. Hay que releerla con cuidado; todas las palabras tienen su importancia. Hay que concebir el Estado contemporáneo como una comunidad humana que, en los límites de un territorio determinado —la noción de territorio es una de sus características— «reivindica con éxito por su propia cuenta el monopolio de la violencia física legítima».

En primer lugar, el Estado es una comunidad humana: no es una abstracción. El Estado son personas, administraciones, una burocracia, instituciones, son responsables. El Estado es una organización humana, y esta organización está ligada a un territorio dado: ese es el carácter moderno del Estado que quiere esta asimilación del Estado a un territorio. Las formas políticas siempre han tenido una vinculación con la violencia, pero ya eso se construye en un territorio preciso. Sobre este territorio el Estado reivindica con éxito, por su propia cuenta, el monopolio de la violencia física legítima. «Legítima», eso no quiere decir que lo sea siempre, por supuesto: Weber no se pronuncia de manera abstracta abre la cuestión de saber si la violencia del Estado es siempre legítima. Dice que el Estado es el grupo humano que exige y obtiene el reconocimiento de manera exclusiva del recurso legítimo a la violencia física. El monopolio no quiere decir que el Estado sea el único que usa la violencia; muchas personas lo hacen. Pero esta violencia no está reconocida como legítima si no procede del mandato del Estado. Y cuando es el Estado quien la determina, ella reviste otro estatuto. Si le quitáis dinero a vuestro vecino, eso se llama un robo; si el Estado os quita dinero, eso se llama un impuesto (*risas*)... Si secuestráis a vuestro vecino, se trata de una privación arbitraria de libertad; si el Estado os secuestra, eso se llama una pena de prisión. Es violencia física, por supuesto, no hay que dudarlo. Y Weber es muy claro al emplear esa palabra. No dice que el Estado reivindique con éxito por su cuenta el monopolio de la fuerza pública. No, él habla de la «violencia física legítima».

Véase el debate sobre la cuestión de las «violencias policiales»: ¿cómo podría sostenerse un Estado si no recurriese, cuando es amenazado (directa o indirectamente), a actuar con violencia? Pero esta violencia es reivindicada como legítima, y eso determina las finalidades y el marco a los que debe estar subordinada. Max Weber no se pronuncia sobre el hecho de saber si lo está o no. Dice lo que distingue la violencia del policía de la violencia del revoltoso; es que la del policía se asume como «violencia legítima», mientras la del revoltoso es ilegítima. No hay dos bandas enfrentadas una contra otra: es el Estado contra el resto. La violencia es pues el medio propio que define la política: ¿a qué podría conducir elegir a un presidente de la República pacifista que dijese: nunca declararé la menor guerra, nunca haré otra cosa que evitar la muerte de un soldado? Si se eligiese a un presidente así, el país sería invadido en las veinticuatro horas siguientes. La condición de la política es ser capaz de la violencia. Imaginad un Estado que dijese ahora: no pondremos nunca una mano sobre nadie —ni un policía usará la menor violencia contra cualquiera—. Esa misma tarde, será tomado el Eliseo. No se pueden defender las instituciones más que asumiendo el principio de emplear la violencia. ¿Qué sería de un Estado que dijese: nunca os cobraré ni un céntimo? Bueno, pues se acabó, ya no hay Estado. Pero es una violencia física tomar vuestro dinero, porque es el fruto de vuestro trabajo, de vuestro esfuerzo. Os habéis cansado trabajando para obtenerlo, y el Estado os lo quita. Os quita por tanto una parte de vuestra vida, vuestra salud, vuestra energía. Pero esa es una «violencia reivindicada como legítima» y, a menos que uno sea totalmente anarquista, reconocerá que esta violencia es necesaria. Volvamos con Max Weber:

> «Todo Estado está fundado sobre la fuerza», dijo un día Trotsky. En efecto, eso es verdad. Si solo existiesen estructuras sociales en las que toda violencia estuviese ausente, el concepto de Estado habría desaparecido y no subsistiría sino lo que se llama, en sentido propio, la "anarquía". Evidentemente la violencia no es el único medio normal del Estado —eso no ofrece ninguna duda—, pero es su medio específico. En nuestros días [y esta fórmula parece ser de una verdad particular], la relación entre Estado y violencia es del todo íntima. Desde siempre, los grupos políticos más diversos han tenido todos la violencia física como el medio normal del poder.

Evidentemente, habéis comprendido que no es una manera de decir que el Estado es estructuralmente brutal. Pero de hecho, para proteger a la sociedad de la violencia, es necesario que el Estado concentre el monopolio de una violencia reconocida como legítima. Si sois idealistas, si creéis que la violencia debe desaparecer de este mundo, no toquéis la política, dice en sustancia Max Weber.

La política consiste en responder al mal con el mal, en emplear la violencia para combatir la violencia. Y se encuentra esta misma advertencia en un autor lúcido e inquietante, en un autor temible que se llama Maquiavelo.

Maquiavelo ha llevado esta intuición lo más lejos posible: la política es el único remedio para la violencia. Pero como en medicina, hay que determinarse entre dos métodos terapéuticos: la estrategia alopática combate la enfermedad por su contrario; la estrategia homeopática detiene el mal con el mismo mal. Para Maquiavelo, no cabe duda de que la política tiene que ver con esto: la violencia que ella intenta contener no se combate más que con la violencia. ¿Cuál es el punto de partida de Maquiavelo? Lo peor que puede suceder es que el poder pierda el poder; porque entonces la guerra civil llega sobre los escombros del Estado. Si sois el príncipe, si tenéis el poder, entonces vuestro primer deber, de manera incondicional, no es hacerle el bien a la gente, ser manso con ellos, no. Vuestro primer y absoluto deber es conservar el poder. Porque si lo perdéis, todo el mundo deviene peligroso para todo el mundo; si perdéis el poder, es la guerra de todos contra todos. Para impedir eso, es preciso que exista el Estado. Lo propio del Estado es que encuentra su propiedad esencial en el hecho de ser. El Estado es lo que es, es lo que debe ser. Basta que el príncipe esté en el poder para que estemos a cubierto de la violencia generalizada. Pero para que el príncipe siga en el poder —dada la perversidad de los hombres, su maldad, su codicia— necesitará ser hábil. Tiene dos recursos para permanecer en el poder, entre los que debe elegir: ser amado o ser temido. Esas son las dos maneras por las que puede continuar imponiéndose. Si es un gran virtuoso puede conseguir las dos. Pero es muy raro conseguir las dos. Entre las dos, ¿cuál elegir? ¿A vosotros qué os parece? ¿Cuál será más segura? Evidentemente, ser temido. Maquiavelo, dando consejos al príncipe, lo reconoce claramente:

> Se puede responder que lo mejor sería ser lo uno y lo otro. Pero, como es difícil que las dos cosas existan juntas, digo que, si debe faltar una, es más seguro ser temido que ser amado. Se puede, en efecto, decir generalmente de los hombres que son ingratos, inconstantes, disimulados, temerosos ante los peligros y ávidos de ganancia. [...] El príncipe que se apoyase sobre su palabra, y que en esta confianza no tome otras medidas, estaría pronto perdido; pues en el momento de emplear estas amistades, siempre faltarán. Se tiene mucho menos miedo de ofender a quien se hace amar que a quien se hace temer; porque el amor se mantiene por un lazo de reconocimiento muy débil para la perversidad humana, y que cede ante el menor motivo de interés personal; mientras que el temor resulta de la amenaza del castigo, y este miedo no se desvanece jamás.

De hecho, hay que saber manejar el mal a fin de ser lo bastante temido para no perder el poder. Es preciso saber emplear tanto el bien como el mal, y con frecuencia más el mal que el bien (comprendida la injusticia, el carácter arbitrario de la violencia que se inflige, y saber cuándo es suficiente para suscitar el terror que hay que inspirar). El capítulo VII de *El Príncipe* nos da un ejemplo impresionante:

> Puesto que este episodio es digno de fama y de ser imitado por otros, no quiero dejarlo de lado.

Después de que el duque [el duque Borgia] hubo ocupado la Romagna, encontró que esta provincia había sido dirigida por señores impotentes, los cuales habían despojado más que atender a sus súbditos y les habían dado motivos de desunión, no de unión, hasta el punto de que esta provincia estaba llena de robos, querellas y toda suerte de insolencias; y pensó que era necesario, para reducirla a ser pacífica y obediente, darle un buen gobierno. Para lo cual propuso al señor Remy d'Orque, hombre cruel y expeditivo, a quien dio plenos poderes. Este, en poco tiempo, devolvió al país a la tranquilidad y unión, para su gran honra. Pero luego Borgia, estimando que una excesiva autoridad no era ya conveniente, y temiendo que se hiciera odiosa, estableció un tribunal en la provincia, con un presidente, donde cada ciudad tenía su abogado. Y, como sabía bien que los rigores pasados le habían valido alguna enemistad, para purgar los espíritus de estos pueblos y tenerlos como amigos, quiso mostrar que si había tenido lugar alguna crueldad, no había venido de su parte, sino de la mala naturaleza del ministro. Tomando la ocasión por los pelos, una buena mañana, en Cesena, le hizo cortar en dos trozos, a su lado, en medio de la plaza, sobre un tocón de madera y con un cuchillo sangrante. La ferocidad de este espectáculo dejó al pueblo contento y estupefacto a un tiempo.

Eso, para Maquiavelo, es propio de un genio en estado puro; es el arte político llevado a su cima. Debéis sofocar la rebelión en una provincia. Enviáis al peor mercenario. Él pone a la provincia a sangre y fuego, todo el mundo queda aterrorizado: sois temido. Y una vez que habéis llegado un poco lejos en este exceso de violencia, queréis también ser amado. Y hacéis responsable de este exceso de brutalidad al que habéis nombrado exactamente para eso. Borgia hace cortar en dos a su propio mercenario, ante el pueblo entero reunido que se dice: este príncipe es terrorífico y simpático. «Este espectáculo dejó al pueblo contento y estupefacto a un tiempo». Extraordinaria manipulación de la violencia para poder evitar la violencia. Porque, de todos modos, podéis ser el más grande idealista del mundo. Al final, la violencia es el lote de la experiencia humana. Y si sois demasiado bueno, vais a causar más mal perdiendo vuestro poder, que si lo hubieseis conservado incluso mediante malos medios.

> Digo que todo príncipe debe desear ser considerado clemente y no cruel. Sin embargo, debe cuidar no usar mal la clemencia. César Borgia pasó por cruel, pero a su crueldad debió la ventaja de volver a unir la Romagna a sus Estados; y la de restablecer la paz en esta provincia. [...] Cuando se trata de contener a los súbditos en el deber, no se debe apenar por el reproche de crueldad, con tal que al final el príncipe encuentre que ha sido más humano dando un pequeño número de ejemplos necesarios, que esos que, por demasiada indulgencia, animan los desórdenes y provocan finalmente el asesinato y el bandidaje. Pues estos tumultos trastornan todo el Estado, en cambio las penas infligidas por el príncipe no afectan más que a algunos particulares.

Al que sueña con un mundo sin violencia, sobre todo no lo pongáis en el poder, porque ese idealista, si rehúsa emplear la violencia y combatir el mal por el mal, va a dejar que el mal prospere. Esta conclusión magnífica, que se vuelve a encontrar en el capítulo XV, merece ser retenida:

54

Muchos hombres se han imaginado repúblicas y principados que nunca se han visto ni conocido en la realidad. ¿Pero para qué sirven esas imaginaciones?

¿Qué sentido tiene soñar con un mundo ideal?, nos dice Maquiavelo. Al evocar a los que han escrito antes que él, hace alusión a *La República* de Platón, como a tantas obras de la filosofía política clásica que han centrado su esfuerzo en la descripción de la «ciudad ideal». ¿Pero para qué sirve pensar la ciudad ideal? Lo que cuenta es mirar la política real, tal como se hace. ¿De qué sirve pensar la política tal como debería hacerse? No es con sueños, un ideal abstracto, como se podrá aconsejar al príncipe hacer frente a la realidad, sino mirándola tal cual es:

> Hay tanta distancia entre la manera en que se vive y la manera en que se debería vivir, que quien deja lo que se hace por lo que se debería hacer, aprende más bien a destruirse que a conservarse. Y en consecuencia, es necesario que un hombre que quiere hacer profesión de ser bueno entre tantos otros que no lo son, perezca pronto o tarde.

¿Se puede soñar con un mundo sin violencia? Si vivís en un sueño, por un ideal, si vivís para la moral y la virtud, entonces estáis muy lejos de lo real y, en política, podéis estar seguros de morir pronto. La verdad es que, lo sabemos todos, lo que nos protege de la violencia es en primer lugar la capacidad del Estado de poner, entre nosotros y lo que nos amenaza, otra violencia, para poder evitar el peligro. Aquí está el punto de partida de toda la filosofía política moderna.

En el fondo, por ser peligrosos los unos para los otros es por lo que necesitamos la violencia del Estado. Eso es lo que nos muestra el trabajo de Thomas Hobbes. ¿Cuál es el estado de naturaleza del hombre? ¿Qué hay antes del Estado? ¿Qué hay antes del derecho? ¿Antes de la ley? ¿Antes de la policía, la justicia, los magistrados y las prisiones? Imaginemos un solo segundo que se nos dice que el Estado ha desaparecido, que ha fracasado. ¿Qué es lo primero que haríamos? Iríais enseguida a verificar que vuestra cerradura cierra bien con doble vuelta. ¿Por qué? Porque sabéis que ahora lo único que os protege de la violencia de los humanos es la cerradura de vuestra puerta. Sabéis que los hombres son violentos. Lo sabéis tan bien que si os dijeran ahora que el Estado ya no existe, deduciríais al momento que todos los hombres que os rodean devienen un peligro potencial para vosotros.

Hobbes resume esta intuición retomando una fórmula de Plauto: en el estado de naturaleza, en su estado natural, «*homo homini lupus*» —el hombre es un lobo para el hombre—.

Y esa es la razón por la que hicimos el Estado. Creamos el Estado precisamente para que concentrase toda la violencia de la sociedad, y así nos mantiene a todos juntos respetándonos.

¿Qué es lo que hace que estéis seguros de que vuestro vecino no os va a robar todo lo que tenéis antes del final de esta conferencia? Estáis seguros, es verdad, es un hecho; ¿pero por qué razón? Quizá porque pensáis que le conocéis bien. Como quiera que sea, estáis seguros, incluso si sabéis la negrura tenebrosa de su alma, porque también sabéis que él sabe que la policía existe. Y que, si os roba, se las tendrá que ver con ella.

Yo sé que no vais a intentar asesinarme antes del final de esta velada, aunque lo que diga os desagrade soberanamente —no porque crea que sois de una bondad absoluta, o porque yo postule una benevolencia sin falla en las relaciones humanas—; sé que no vais a intentar asesinarme por una única razón: sé que ninguno de vosotros tiene ganas de pasar años en prisión. Y eso es lo que me protege. Para decirlo de otro modo, lo que nos preserva de la violencia es la violencia.

Lo que nos protege de la violencia es que todos sabemos que el Estado está ahí para ejercer la violencia que le hemos delegado. El pacto social originario, dice Hobbes, por el que el Estado existe, consiste en decir que confiamos todo nuestro derecho de naturaleza —es decir, toda nuestra capacidad de hacer violencia a los demás— al Estado. Y además él no contrata, él no forma parte del pacto, él queda en estado de naturaleza. Por lo demás, puede hacerlo todo como antes; puede hacerlo como cualquiera que no estuviese sometido a ninguna regla, a ninguna ley, que no hubiera contratado con nadie, que no se hubiese comprometido a nada. El Estado os quita vuestro bien. Puede quitaros la vida: puede decidir restablecer mañana el servicio militar de tres años. Puede muy bien decidir enviaros a la guerra, donde quizá muráis. Puede condenaros a prisión perpetua si estima que eso es justo. Podría condenaros a muerte. Me diréis que la pena de muerte no existe ya en Francia. Pero si mañana se restablece, es el Estado quien decidirá a través de sus instituciones, tal como ha decidido abstenerse de utilizar ese medio. Y si lo decide, no importa que os opongáis, estáis expuestos como los demás si os condenan. El Estado lo puede todo. Y es por eso por lo que nos aterroriza. Y sabemos a qué atenernos y quedamos tranquilos. Hemos renunciado a nuestra libertad a cambio de nuestra seguridad. Hemos hecho un pacto con el Estado. Es un pacto con la violencia de la que el Estado tiene en adelante el monopolio para hacer de modo que todos, bajo el Leviatán del que habla Thomas Hobbes —ese monstruo terrorífico que nos mira con sus mil cabezas—, podamos mantenernos muy tranquilos y prudentes. El único medio de evitar la violencia no es soñar con un mundo sin violencia, es organizar la violencia, es organizarla políticamente. Es lo que nos muestra también un autor que se acerca a la filosofía desde su experiencia militar, Carl von Clausewitz.

Clausewitz es uno de los más grandes pensadores de la guerra. ¿Cuál es el fenómeno mayor de violencia humana sino la guerra? Sus trabajos sobre la estrategia están sin duda entre los más influyentes en la historia del pensamiento militar. Pero Clausewitz no es solo un táctico: piensa primero la guerra a partir de su contexto, a partir de la política. La mayor parte de los tratados de estrategia se dedican a la mejor manera de ganar una batalla, de adaptarse al terreno, de obtener las informaciones necesarias para ajustar lo mejor posible las propias decisiones tácticas. En suma, son pensamientos sobre la conducción de la guerra. Y en eso Clausewitz no es una excepción: él también, como buen estratega, se dedica a esos detalles. Pero lo que nos interesa más es que hace de la guerra uno de los asuntos dentro de una totalidad mayor que se llama la política. Quien hace la guerra tiene un objetivo de guerra (*Zweck,* en alemán). Pero ese objetivo no es la finalidad de la guerra. La victoria sobre el adversario, ganar la batalla, no es la finalidad de la guerra. Toda guerra tiene un designio más allá de ganar la batalla para, por ejemplo, reconquistar una provincia, asegurar la autonomía del país, obtener un acceso al mar… Toda guerra se inscribe en el contexto de una decisión política. Y no se puede comprender al adversario, intentar adivinar sus intenciones en la niebla de la guerra, si no se sabe que la guerra es un hecho político. Como escribe Clausewitz:

La guerra es la política continuada por otros medios[5].

La guerra es pues en primer lugar política llevada a cabo por medios específicos. Por supuesto, esos medios son muy singulares. La guerra, en su dimensión empírica, es el lugar de la violencia extrema. Pero esa violencia debe seguir siendo un medio de la política. Porque si ganar la guerra deviene en sí el objetivo político, entonces la violencia no tiene ya límite. Siendo exterior a la guerra, el objetivo político que la pone en marcha como un medio impide que la violencia sea la totalidad, lo esencial, la finalidad que determina el combate. El objetivo de la guerra es un elemento de una racionalidad política. Si ganar la guerra deviene la única finalidad, entonces se observará lo que Clausewitz se inquietaba por observar en la evolución de la guerra, y que él llamaba el riesgo de la «subida a los extremos». Cuando la guerra no obedece ya a una finalidad política, sino que se convierte en un fin en sí, cuando la violencia no es ya un medio de la política, sino que ganar la guerra deviene el objetivo

---

[5] *De la guerra*. Edición española Ministerio de Defensa, 1999.

político, cuando toda la política se organiza en torno al esfuerzo de guerra, entonces la guerra engendra esta «subida a los extremos».

Clausewitz tenía como objeto las primeras guerras revolucionarias en el momento de la Revolución francesa. Y observaba que, por primera vez, la guerra había cambiado de naturaleza. Ya no era una guerra entre potencias coaligadas, entre reyes que se batían para, a través de la conquista de una provincia o del desplazamiento de una frontera, modificar un interés estratégico, obtener un resultado político, no. Era de repente una guerra que atestiguaba su rol en una lucha por el reconocimiento, en la voluntad de hacer prevalecer una forma política sobre otra. Y esta guerra ya significaba el riesgo de una «subida a los extremos». La predicción de Clausewitz se encontró terriblemente verificada, por supuesto, por todo el siglo xx y por las dos guerras mundiales, guerras en las que no se trataba ya de tener un objetivo de guerra preciso, sino de obtener la victoria a cualquier precio. Si queréis ganar una parcela de territorio, sabéis lo que estáis dispuestos a poner sobre la mesa, sabéis dónde os detendréis. Vuestro objetivo constituye la medida del esfuerzo que consentiréis. Pero si la guerra deviene vuestro objetivo, si la guerra no tiene más fin que ella misma, entonces deviene total. Y eso es la «subida a los extremos». Nada es más terrorífico que combatir a un enemigo que, en la guerra, no tiene objetivo de guerra.

Es lo que ocurre a nuestras sociedades con el fenómeno terrorista. ¿Cómo defenderse contra un adversario que no quiere ganar la batalla, que no quiere salir vivo del combate? Una guerra que escapa a la política no es sino una «subida a los extremos», de una violencia pura y gratuita que escapa a nuestro poder. Aquí se dibuja, en las páginas de Clausewitz sobre la guerra, lo que me parece ser una intuición fundamental.

No se puede soñar con un mundo sin violencia, no se puede más que intentar construir un mundo menos violento. ¿Y por qué medio se puede construir un mundo menos violento sino por la política? El remedio a la violencia de la guerra es mantener la guerra en el marco de la política, guardarla como un instrumento de la política, y así conseguir que la política tenga siempre el poder sobre la violencia. El remedio que Hobbes propone a la violencia que atraviesa necesariamente la sociedad es la construcción política. Pero la política no puede resignarse a ser una guerra continuada por otros medios, una violencia ejercida para evitar más violencia. La política debería llegar a contener la violencia, organizando en la sociedad lo que permite contenerla, y que es la otra violencia, es decir: el poder.

Y eso nos lo enseña la última filósofa que querría citar: Hannah Arendt ha meditado en profundidad la cuestión de la violencia, a la que ha dedicado un ensayo, titulado *De la mentira a la violencia*. Ella comienza por reconocer una continuidad evidente entre violencia y política.

Por supuesto, hay una utilización política de la violencia.

Seguro, hay en la política un encuentro necesario con la violencia. Y, sin embargo, a pesar de esta certeza (sobre la cual volveremos), hay que afirmar con claridad una distinción esencial:

La política y la violencia son lo contrario la una de la otra.

La política y la violencia son el exacto inverso la una de la otra. ¿Por qué? Bien, porque:

La violencia es del orden de la necesidad.

Y el orden de la necesidad es exactamente lo contrario de un orden humano. El hombre nace en un mundo marcado por la naturaleza: y ella pertenece efectivamente al orden de la necesidad. Necesidad de las leyes físicas y biológicas que hacen a los fenómenos naturales recurrentes y previsibles: la forma de esta necesidad es la figura del círculo, del permanente retorno de lo mismo. Las limitaciones de la materia y de la vida hacen que, en la naturaleza, lo que es inerte u orgánico sea siempre lo mismo, seguirá siempre las mismas reglas, la misma necesidad natural. De ahí el permanente retorno de lo mismo en la naturaleza. En este orden de necesidad, la singularidad humana consiste en producir la contingencia, en suscitar por la acción el espacio de una libertad, en escribir una historia, es decir, en introducir una novedad. Solo el hombre puede cambiar el mundo —el mundo natural, por su parte, no cesa de repetirse—, solo el hombre introduce en ese círculo de la naturaleza las líneas rectas de su acción.

De un lado, pues, lo que es inhumano, literalmente, y que está del lado de la necesidad; del otro, lo que es humano, y que es del orden de la libertad. ¿De qué lado está la violencia? La violencia está evidentemente del lado de la necesidad. La violencia es eso por lo que puedo imponeros hacer lo que no queréis hacer, eso por lo que puedo obligaros, es decir, eso por lo que puedo aniquilar vuestra libertad. La violencia es del orden de la coacción —siendo la coacción lo que quiere anular toda contingencia, aniquilar lo posible—.

En ese sentido, la coacción es del todo diferente de lo que se juega en el orden político. Del lado de la política, es decir de la ley, no nos encontramos con las coacciones, sino con las obligaciones. ¿Qué diferencia hay entre las dos? La coacción es como las cuatro paredes de una habitación en la que estáis encerrados: bien querríais poder salir, pero no podéis. La obligación es el semáforo rojo al que llegáis: si queréis, podéis arrancar y prescindir de que esté rojo: por supuesto, violáis una obligación. Pero respetar la obligación implica vuestro consentimiento: se os presenta como lo que exige vuestra propia respuesta. En ese sentido, la obligación que se os presenta supone vuestra libertad. De hecho, es posible incumplirla. Por supuesto, eso no quiere decir que seáis libre con una libertad gratuita y vacía. Hay un cierto orden, un orden político: el de las leyes, el de las reglas. Pero este orden es un orden de obligación, y no un orden de coacción. La coacción es la que el delincuente ejerce sobre vosotros mientras saca un revolver y os dice: ¡la bolsa o la vida! La obligación es lo que se os exige a través de una liquidación de impuestos. Evidentemente, no hay en eso nada de facultativo; la política no es el lugar de una libertad absoluta, una vez más. Hay una obligación. Pero también hay una libertad en el acto de responder a esta obligación que se os presenta.

La violencia es del orden de la necesidad, y por tanto del orden inhumano. Conduce a la pura brutalidad, es decir, en cierta manera, a la bestialidad. La violencia se hace sin palabra. Si lo propio de lo humano es hablar, la violencia es inarticulada: no compromete a ningún diálogo. Solo después de realizada se hablará de la violencia, para intentar justificarla, o bien para denunciarla como injustificable. La violencia no habla. Se la encuentra en su simple efecto, en su hecho bruto, puro, inmediato. Y esa es la razón por la que hay una diferencia mayor entre la violencia y la política; entre la violencia y lo que Arendt llama el poder —el poder, es decir, la organización del poder, la organización política—. Para que la obligación se imponga, se necesita el consentimiento, el del ciudadano pero también el de la ciudad, de la sociedad, de una forma de adhesión del número. El poder nunca se fundamenta solo. La violencia se funda sola, pero el poder no. El poder —y eso es paradójicamente lo que sabía muy bien Maquiavelo— puede disolverse si el pueblo no consiente ya, si ya nadie consiente. El poder es una realidad humana, en el sentido de que se organiza a través de la sociedad. La violencia es una realidad inhumana, en su pura brutalidad, se afirma sin hablar. Desde ese punto de vista:

> El poder siempre necesita apoyarse en la fuerza del número, mientras que la violencia puede prescindir de eso, en una cierta medida, por el hecho de que para imponerse puede recurrir a instrumentos.

El poder no puede apoyarse más que sobre el consentimiento del mayor número; la violencia encuentra su eficacia en recurrir a sus propios medios —a sus armas—.

En este sentido, la experiencia política no necesita recurrir a la brutalidad, al contrario; los dos términos son antinómicos, según Arendt.

De hecho, se podría incluso decir que la utilización de la violencia es la señal de la insuficiencia del poder, que a través de él se juega la relación de autoridad, la responsabilidad que une a los hombres. El poder funda una relación, supone una relación de obligación y de obediencia, de regla y consentimiento. Necesita suscitar esta relación para existir. La violencia deshace toda relación. Solo se refiere al otro considerándolo como un objeto. La utilización de la violencia es pues el signo de un fracaso del poder. Y eso es verdad, por otra parte, no solo en el orden político en cuanto tal, sino también en todas las pequeñas sociedades que rodean nuestra existencia, en todos los grupos humanos —en una empresa, una asociación o una familia—. La violencia es siempre el signo de un fracaso del poder. Y cuando quien dirige necesita la brutalidad, es que no ha sabido ejercer la autoridad. No hay nada que ver entre esos dos órdenes. Incluso hay una relación de antinomia entre ellos. No hay en la violencia más que una insuficiencia del poder.

> En cuanto varias personas se reúnen y actúan concertadas, el poder es manifiesto, pero saca su legitimidad del hecho inicial de la reunión más que de la acción que es susceptible de seguirlo.
>
> El poder, sigue diciendo Arendt, puede siempre ser destruido por la violencia; el orden más eficaz es el que viene de apoyar el cañón del fusil, que impone la obediencia inmediata y más completa. Pero no puede nunca ser la fuente del poder.

65

El orden más eficaz es sin duda el que intima la violencia. Pero su debilidad se encuentra en que es incapaz de fundamentar nada que no sea ella misma.

> La violencia puede destruir el poder, pero la violencia no puede nunca fundar el poder.

Nunca la violencia es suficiente, en particular, para fundar la realidad política.

La violencia es, pues, lo contrario del poder. Y esta dominación por la violencia pura sería una dominación que se ejercería sobre los hombres sin suscitar ninguna especie de autoridad. ¿Qué es entonces lo que funda el poder? Es el solo hecho de que podamos cooperar juntos, escribe Arendt, coordinarnos entre nosotros —palabras abstractas y sorprendentes—. ¿Qué quiere decir eso? Lo que funda el poder es que hablemos juntos. ¿Se puede soñar con un mundo sin violencia? No se puede soñar quedar totalmente libres de la amenaza de la violencia. Pero podemos construir —para preservarnos de la violencia y para intentar frenarla, en cuanto somos capaces de eso— lo que es la otra violencia, es decir, la política.

¿Y qué es la política, escribe Arendt en *Vidas políticas*, sino el hecho de «hablar juntos», de compartir nuestros desacuerdos bajo la forma de la conversación, y no bajo la forma de la confrontación? ¿Qué es el poder, sino ese trabajo para cooperar a fin de escribir juntos nuestro porvenir, en lugar de sufrirlo? ¿Qué debería ser la política, sino esta conversación que dura a pesar de las diferencias inevitables, y que se podría describir como una forma de amistad cívica? Como dice Arendt en *Vidas políticas*:

Tenemos hoy la costumbre de no ver en la amistad más que un fenómeno de la intimidad, donde los amigos se abren su alma sin importarles el mundo y sus exigencias. [...]

Cuando, por ejemplo, leemos en Aristóteles que la *philia*, la amistad entre ciudadanos, es una de las condiciones fundamentales del bien común, tenemos tendencia a creer que habla solamente de la ausencia de facciones y de guerra civil en el seno de la ciudad. Pero para los griegos, la esencia de la amistad consistía en el discurso. Sostenían que solo un "hablar-juntos" constante podía unir a los ciudadanos en una ciudad.

Con el diálogo se manifiesta la importancia política de la amistad, y de su propia humanidad. [...]

Pues el mundo no es humano por haber sido hecho por hombres, no deviene humano porque la voz humana resuene en él, sino solamente cuando se convierte en objeto de diálogo. [...]

Humanizamos lo que sucede en el mundo hablándonos, y en ese hablar, aprendemos a ser humanos.

En el fondo, la mejor respuesta posible a la violencia se encuentra sin duda en esta experiencia de la política. Nadie duda que la política debe abstenerse completamente de la ingenuidad; nadie duda que la violencia formará siempre parte de lo que atraviesa una sociedad. Pero es imposible responder a esta violencia casándose con la violencia, sin traicionar lo que debería ser la actividad política, que consiste en construir en el interior de la sociedad ese algo distinto de la relación de coacción brutal que se llama la autoridad, eso distinto de la violencia que se llama el poder. ¿Y en qué se funda el poder, si no se impone mediante una operación brutal? Se funda en el diálogo. No hay aquí nada de irenismo o ingenuidad, no hay nada idealista ni fácil. Solo hay el esfuerzo que debemos hacer para salir, escribe Arendt, de la espiral interminable de la violencia y de la venganza, un milagro que se llama el perdón, y que irrumpe para romper, por la palabra, la reciprocidad infernal de la violencia que arrastra violencia, de la venganza que provoca venganza. Eso es quizá lo que se llama, o se debería llamar, el milagro de la política. No se puede soñar en un mundo sin violencia. No se puede más que intentar construir un mundo que nos preserve de nuestra propia violencia, construyendo contra ella lo contrario de la violencia, es decir, la experiencia política. Y he aquí una pista hacia la respuesta que podría permitirnos vivir ese gran sueño que seguimos teniendo. En cuanto a saber si ese sueño se realizará, eso, queridos amigos de la verdad, es aún otra cuestión…

¿HAY UN PROGRESO EN LA HISTORIA?

¿PASA ALGO EN ESTE MUNDO, donde todo parece suceder sin que nada avance verdaderamente? De hecho, somos seres en el tiempo y estamos marcados por ese tiempo que pasa, pero que pasa muy a menudo dando la impresión desesperante de ir a paso de caracol. Todo sucede como si, a pesar de nuestros buenos propósitos y nuestro deseo de estar en marcha, volviéramos siempre a este antiguo mundo que esperábamos dejar. ¿Es posible un progreso? ¿Se puede verdaderamente esperar que las cosas mejoren un día, que vayan incluso hacia un fin feliz, hacia un objetivo de nuestra vida colectiva, de nuestra vida política, hacia esta utopía a la que aspiramos, hacia esta paz universal y definitiva, hacia la felicidad al fin compartida, hacia la justicia al fin realizada? ¿Hay que creer aún en el progreso, o hay que resignarse? ¿Hay un progreso en la historia?

Para reflexionar sobre la historia, es necesario comenzar por observar que este término es algo ambiguo y un poco sorprendente. La palabra historia es, en la lista de las disciplinas que todos hemos practicado en la escuela o la universidad, uno de los raros términos que se refieren de forma ambivalente tanto a un saber como al objeto de ese saber. La palabra viene del griego y quiere decir «búsqueda»: ese término, que se encuentra en Heródoto, indica el deseo de llevar a cabo una investigación precisa sobre las causas de los acontecimientos, comprender lo que sucedió, hacer inventario del pasado. Designa pues ese relato por el que se vuelve sobre lo que sucedió. Pero, lo veréis también conmigo, la palabra historia designa también los hechos mismos. Ha terminado por designar, por metonimia se podría decir, el contenido mismo de esta disciplina. La geografía es la ciencia que trata del espacio; las matemáticas es la ciencia que trata del número y de las figuras; la física es la ciencia que trata de la materia; la biología, del ser vivo; y la historia es la ciencia que trata de la historia.

Entonces, por supuesto, cuando uno se pregunta si la historia progresa, no se pregunta solamente si la búsqueda o la investigación avanza en su camino para aclarar las causas de los acontecimientos. Sino que se pregunta si cambia algo en los hechos mismos, si algo está evolucionando en el tiempo, si, desde que la historia humana nos es conocida, podemos observar un proceso de acumulación sucesiva de sabiduría o experiencia, algo por lo que no volveremos siempre al mismo punto y por lo cual podríamos imaginar que hemos ya progresado, que somos de algún modo superiores a los que nos ha precedido; o bien si, por el contrario debemos rebajarnos y reconocer que al final todo es siempre parecido y que la humanidad es exactamente la misma, siempre idéntica a ella misma, siempre tan desesperante, con chispazos de genio tal vez, pero sobre todo con tanta mediocridad que es incapaz de aprender de sus errores y así progresar.

Ese es, por decirlo todo, el sentimiento que yo tenía preparando esta velada. Acabo de volver de una serie de conferencias sobre las huellas de la historia de la filosofía, en Grecia. Y es verdad que, al pensar en el tema de nuestra velada, me ha sucedido con frecuencia decirme que iba a dejar la escena tres minutos después de haber comenzado. ¿Hay un progreso en la historia? Quizá hubiera bastado presentaros una de esas increíbles estatuas que el arte griego nos ha dejado, algunas imágenes de Delfos o del Partenón, o bien uno de esos objetos de arte del mundo micénico, quince siglos antes de nuestra era, con su magnífico estilo de refinamiento, de perfección, de pureza... Y luego os habría presentado a algunos *influencers* de la opinión contemporánea, algunos fragmentos de la música de moda, nuestras obras de referencia, una emisión de un *reality* en televisión... Y me iría diciéndoos: ¡la respuesta es no! ¡Buenas tardes! Ellos tenían a Platón y Aristóteles, y la polémica increíble entre el idealismo y el hilemorfismo[6], y ya veis lo que tenemos nosotros... ¿Hay un progreso en la historia? Podríamos mirar con un poco de tristeza esta cuestión diciéndonos que, a pesar de todo lo que hemos vivido, y a pesar de esta investigación

---

[6] Hilemorfismo: doctrina de origen aristotélico según la cual dos principios distintos y complementarios, la materia y la forma, están unidos en todos los seres corpóreos, ya sean producidos por la naturaleza o creados por el arte.

paciente de los historiadores para hacer la lista de todos los defectos del hombre, y de todo lo que han producido de catástrofes en nuestra historia, en el fondo nunca hemos aprendido verdaderamente nada.

Eso es por otra parte lo que nos dice un filósofo escocés, un filósofo sonriente y alegre, que no se presenta como un hombre pesimista o desanimado. Finalmente, nos dice David Hume, en la *Investigación sobre el entendimiento humano,* si se quiere mirar eso desde más cerca, se verá que:

> Las acciones de los hombres son constantes y uniformes [...]. Los mismos motivos producen siempre los mismos efectos.

El objetivo de Hume es mostrar que en el fondo no somos tan libres como parecemos. Y que al fin y al cabo siempre hay en nuestras acciones algo determinado. ¿Y en qué se reconoce lo que está determinado? Se lo reconoce en el carácter perfectamente repetitivo de lo que vuelve sin cesar. Esto es lo que nos dice Hume:

> Es algo universalmente reconocido que hay una gran uniformidad en las acciones de los hombres, en todas las naciones y en todas las épocas, y que la naturaleza humana permanece siempre la misma en sus principios y sus operaciones. Los mismos motivos producen siempre las mismas acciones, los mismos acontecimientos proceden de las mismas causas. La ambición, la avaricia, el egoísmo, la vanidad, la amistad, la generosidad, el espíritu público: esas pasiones mezcladas en grados diversos, y distribuidas en toda la sociedad, han sido, desde el comienzo del mundo,

y son siempre, la fuente de todas las acciones y de todas las empresas que se hayan observado en la humanidad. ¿Queréis conocer los sentimientos, las inclinaciones y el modo de vida de los griegos y de los romanos? Estudiad bien el temperamento y las acciones de los franceses y los ingleses. No podéis equivocaros mucho al transferir a los primeros la mayor parte de las observaciones que habéis hecho sobre los últimos. La humanidad es tan en todo la misma, en todas las épocas, en todos los lugares, que la historia no nos enseña nada nuevo o extraño sobre ese punto. Su función esencial es solamente descubrir los principios constantes y universales de la naturaleza humana, mostrándonos a los hombres en todas las variadas circunstancias y situaciones, y proporcionándonos materiales a partir de los cuales podemos organizar nuestras observaciones y conocer los recursos constantes de la acción y del comportamiento humanos.

Lo que nos dice Hume aquí es que al final el hombre no cambia nunca. Por otra parte, ¿en qué se reconoce eso? Se reconoce en el hecho de que no creeríamos en absoluto a quien nos contase que los hombres pueden cambiar de verdad. A quien viniera diciéndonos: estuve en una isla increíble en la que habitan hombres que son de una bondad absoluta, o que son siempre virtuosos, que nunca hacen el menor mal, que son de una inocencia perfecta, nosotros le responderíamos: ¡eres un mentiroso! No le creeríamos en absoluto. Pues bien, de la misma manera, si un historiador sostuviera que los griegos de la Antigüedad no conocían el miedo, que eran incapaces de sentir la avaricia o la ambición, que estaban totalmente desprovistos de pereza o celotipia, eso bastaría, explica Hume, para considerar que todo lo que nos cuenta es completamente falso, que se trata de leyendas y no de verdad histórica. La humanidad no cambia. La humanidad no evoluciona. Es siempre la misma en todas partes. Y si lo miramos bien, veremos que «los mismos motivos producen siempre los mismos efectos».

¿Para qué sirve la historia? Es simplemente un material disponible para conocer mejor la universal condición humana. Estudiar la historia es ver a los hombres como son, como eran hace veinte siglos, y en consecuencia como siguen siendo hoy. Hay en la constancia del comportamiento humano una regularidad exactamente semejante, nos dice Hume, a la de las leyes de la naturaleza, de las leyes físicas. Entonces evidentemente, es irritante constatar por eso que el hombre no escapa a su condición, y que no es libre. Preferiríamos creer que somos una excepción en la historia. Querríais creer que sois capaces de portaros mejor que todos los que os han precedido, que nuestra época puede ser mejor que un pasado felizmente caducado... ¡Qué increíble ilusión!, dice Hume. Sabéis muy bien que el hombre está perfectamente determinado. ¿Y por qué lo sabéis? Lo reconocéis en el hecho de que el hombre es perfecta y desesperadamente previsible. Quizá no en tanto que individuo, por supuesto, pues los individuos tienen siempre comportamientos singulares: eso sucede también en la naturaleza. Si plantáis cincuenta árboles, alguno no crecerá exactamente de la misma manera. Pero globalmente sabéis que el vegetal como el mineral están determinados por leyes inexorables. Pues lo mismo sucede con el hombre en su generalidad. Imaginemos, dice Hume, que ponéis una bolsa repleta de oro en el puente de Charing Cross a una hora de paso concurrido. Os vais durante una hora. Podéis tener la certeza absoluta de que cuando regreséis la bolsa no estará allí. Eso es totalmente previsible, es tan previsible como la certeza que tendréis de que si soltáis la bolsa caerá a tierra. Las leyes de la naturaleza humana son tan fiables como las leyes de la gravedad. La codicia humana es una constante que nada puede desmentir, y eso no cambiará. Por lo demás, Hume escribía a finales del siglo XVIII, y nada ha cambiado desde entonces. Y, sin embargo, si se mira bien, vemos que es difícil llevar hasta el final esa analogía, establecer una continuidad completa entre esos dos órdenes distintos. La diferencia mayor es que la naturaleza no es consciente: si la bolsa cae a tierra no es porque obedezca conscientemente a una ley que sigue voluntariamente, no; es solo porque está determinada como un mineral inconsciente a seguir la ley de la gravedad.

Eso constituye a pesar de todo una discontinuidad con la experiencia humana, por el hecho mismo de la conciencia de los hombres, por el hecho mismo de la historia en los dos sentidos de ese término. Primero, la historia como memoria: nos acordamos de lo que pasó, y el recuerdo que tenemos debe permitirnos ajustar nuestras decisiones de hoy. Por ejemplo, a lo largo de esta semana vamos a conectar con la memoria de la Primera guerra mundial. ¿Por qué conmemorar? ¿Por qué volver sobre la historia? Pues bien, porque guardar conciencia de lo que tuvo de trágica es quizá evitar repetir los mismos errores. Como decía Winston Churchill:

Un pueblo que olvida su pasado se expone a revivirlo.

Y así, acordarse de lo que pasó, es decir, constituir una historia, una huella de los acontecimientos antiguos, es en primer lugar la ocasión de no volver a caer sin cesar en los mismos errores. Así nuestra memoria, nuestra memoria consciente, viene a cortar con el orden de la naturaleza.

La naturaleza no aprende nada porque no es consciente de seguir las leyes que la determinan totalmente. El hombre, por el contrario, aparece con su consciencia en el interior de la naturaleza como una excepción, porque esta consciencia es también la prenda de su libertad. Y es precisamente esta libertad la que hace el acontecimiento; es ella la que constituye lo que contamos a través de la historia, la que nos da la materia —es decir, los hechos sobre los que el saber histórico se despliega—. Si retenemos los acontecimientos del pasado es porque hubo acontecimientos. Pues la naturaleza no hace acontecimiento. No marcaríamos en un diario, no anotaríamos en una crónica que la piedra que hemos tirado ha caído hacia abajo hoy. No, siempre cae hacia abajo. Eso no constituye un acontecimiento. La naturaleza está marcada, nos dirá Hannah Arendt, por la figura del círculo, es decir, por la repetición constante, por esta estabilidad, esta permanencia que no es fijeza, por cierto, sino recurrencia. Entramos ahora en el otoño, y muy pronto será invierno, después del invierno la primavera, y después el verano, y así una y otra vez, indefinidamente. El otoño no es un acontecimiento. Lo que puede serlo es que quizá el otoño llegue más tarde de lo habitual, porque hace tanto calor que se tiene la impresión de no haber terminado el verano. ¿Pero por qué hace más calor que de costumbre? Eso es, nos dicen los científicos, porque la acción de los hombres quizá ha perturbado algo. Hay un acontecimiento en efecto, pero todo acontecimiento es la huella de una libertad, que de golpe se inscribe en el tiempo y suscita un cambio, que hubiese podido no llegar. He aquí lo que es la historia. La historia está hecha de libertades. Y hay algo vertiginoso que considerar en eso, nos dice Hannah Arendt.

En la circularidad de la naturaleza, la acción humana instala una línea recta, rompe el círculo, desencadena un acontecimiento que tendrá consecuencias singulares; y estas consecuencias son además a menudo imprevisibles, y siempre irrecuperables. Cuando habéis realizado una mala acción, esta acción supone un acontecimiento para siempre. Podréis intentar reparar sus efectos... Pero seguirá presente que fue realizada para siempre. Nadie puede volver atrás, anular el pasado. La acción humana instala una línea recta que hace acontecimiento. Y eso es lo que se llama la historia.

Del círculo de la naturaleza a la línea recta de la libertad, hay dos órdenes distintos, y es quizá en esa línea recta donde se instala la posibilidad de un progreso; porque construir la línea recta a través de nuestras acciones, dibujar un camino, un itinerario es sin duda darnos el medio de progresar hacia un objetivo, que presta un sentido a nuestra acción. Sí, quizá es preciso intentar a pesar de todo mencionar la posibilidad de que exista un progreso en la historia si aceptamos distinguir esos dos órdenes que, contrariamente a lo que pensaba Hume, hacen que la acción humana no sea totalmente reductible a la regularidad natural. Esta idea del progreso tiene incluso una historia que nos lleva al siglo XVIII, un siglo fascinado por la cuestión de la historia; un siglo que, desde el punto de vista de la filosofía, de la epistemología de la historia (es decir, de la reflexión sobre lo que es el saber histórico), descubre la presciencia, la consciencia del progreso que puede actuarse por la libertad humana. Esto es lo que expresa, por ejemplo, un texto de Turgot, el *Discurso sobre los progresos sucesivos del espíritu humano*, pronunciado en 1750. Así comienza:

> Los fenómenos de la naturaleza sometidos a leyes constantes están encerrados en un círculo de revoluciones idénticas. Todo renace, todo perece; y en estas generaciones sucesivas, por las cuales los vegetales y los animales se reproducen, el tiempo no hace más que llevar a cada instante la imagen de lo que ha hecho desaparecer.
> La sucesión de los hombres, por el contrario, ofrece de siglo en siglo un espectáculo siempre variado. La razón, las pasiones, la libertad producen sin cesar nuevos acontecimientos. Todas las edades están encadenadas por una sucesión de causas y efectos que ligan el estado del mundo a los que lo han precedido. Los signos multiplicados del lenguaje, dando a los hombres el medio de asegurarse la posesión de sus ideas, y de comunicarlas a los demás, han formado con todos los conocimientos particulares un tesoro común, que una generación transmite a la otra, así como una herencia siempre aumentada con los descubrimientos de cada siglo; y el género humano considerado desde su origen aparece a los ojos de un filósofo como un todo inmenso, que tiene como cada individuo su infancia y sus progresos.

Después de todo, ¿no es verdad que existe una continuidad manifiesta entre las generaciones? Es lo que recordaba Hannah Arendt: cuando un animal muere, y otro animal nace, no se opera más que una forma de replicación en el infinito del mimetismo del instinto. Es la misma animación. Es el mismo instinto vital. Es en el fondo la misma manera de relacionarse con el mundo lo que se replica en el animal. El castor construye hoy sus diques exactamente como los construía hace siglos. Mientras que en el hombre una dimensión cumulativa actúa en el trabajo de los individuos al paso de las generaciones. Es el fenómeno de la transmisión, que describe aquí Turgot. Hemos heredado conocimientos de nuestros antepasados en lo que sabemos hoy. Y no hemos salido del mismo punto de partida que ellos. Tenemos por punto de partida lo que era su punto de llegada. Y así continuaremos avanzando, de tal suerte que la humanidad parece «un todo inmenso», una totalidad viva y continua que aumenta en cada una de las etapas que atraviesa, generación tras generación. Se rencuentra ahí una intuición que Pascal describía evocando el progreso de la ciencia. Los nuevos descubrimientos son siempre la ocasión de contradecir a quienes nos han precedido. Pero no hay ingratitud en eso, dice Pascal. Por supuesto que ellos no vieron lo que nosotros vemos hoy; claro que no sabían lo que sabemos hoy; Aristóteles, Galileo, Newton no decían del universo lo que decimos ahora. Pero refutando sus afirmaciones, no mostramos desconfianza, ingratitud o desprecio por ellos, bien al contrario. Les declaramos nuestra deuda, porque es gracias a su trabajo por lo que podemos hoy ir más lejos que ellos. En su *Prefacio para un tratado del vacío,* Pascal recuerda este necesario progreso:

Aunque siempre igual en sí misma [la naturaleza] no es siempre igualmente conocida. Las experiencias que nos da entenderla se multiplican continuamente; y como ellas son los únicos principios de la física, las consecuencias se multiplican en proporción. De este modo, se pueden hoy tomar de otros sentimientos y nuevas opiniones sin despreciar [a los antiguos] y sin ingratitud, pues los primeros conocimientos que ellos nos dieron han servido como escalones para los nuestros, y en estos avances somos deudores de lo que tenemos sobre ellos; porque, habiéndose elevado hasta un cierto grado al que nos han llevado, un esfuerzo menor nos hace subir más alto; y con menos pena y menos gloria nos encontramos por encima de ellos. Desde ahí podemos descubrir cosas que les era imposible percibir. Nuestra vista tiene más extensión, y aunque conociesen tan bien como nosotros todo lo que podían observar de la naturaleza, no llegaban a observar tanto, y nosotros vemos más que ellos.

Esta imagen de la vista, que lleva más y más lejos a medida que el saber aumenta, es la respuesta de Pascal a los que le reprochan contestar, por sus descubrimientos físicos sobre el vacío, los principios de Aristóteles que aún gozaban de autoridad en la física de su tiempo. No es sino por el trabajo de los que nos han precedido por lo que la naturaleza se descubre a nosotros, más aún que a ellos. Aristóteles era un gigante, y yo soy muy pequeño a su lado, viene a decir Pascal; pero puedo apoyarme sobre él para ver más lejos de lo que él podía. Y pienso así, a través de mis búsquedas, lo que Aristóteles pensaría como yo, si hubiese podido vivir ahora, y si la humanidad fuese un solo viviente que continuara su camino. «Si yo he visto más lejos, escribirá Newton, ha sido subiéndome a los hombros de los gigantes»[7].

---

[7] Isaac Newton, Carta a Robert Hooke, 5 de febrero de 1675.

¿Cómo se puede afirmar que no hay progreso en la historia? Detengámonos en esta simple evidencia, necesaria y suficiente, de que hay un progreso en las ciencias, un progreso del conocimiento. Desde la primera historia de Heródoto, ¿no hemos obtenido muchos más datos disponibles sobre el pasado de la humanidad? La historia progresa como saber, la historia como sucesión de hechos y acontecimientos es también el lugar de un progreso. Véase la insistencia de Turgot para distinguir el orden de la naturaleza, donde no hay acontecimientos, donde todo vuelve sin pararse, del orden de la libertad, donde el tiempo es primero la ocasión de aprender, de avanzar, de progresar. Después de todo, para empezar, es fácil reconocer que hay un progreso evidente en cada una de nuestras historias. Hemos sido niños, hoy somos adultos, y lo menos que podemos decir es que hemos recorrido un camino. Sabemos hoy más sobre el mundo que el niño que fuimos ayer. Quizá también hemos cultivado más, simultáneamente, nuestro discernimiento moral. Hemos aumentado el campo de nuestra consciencia. Hemos visto crecer al mismo tiempo la idea que nos hacíamos de nuestra propia libertad. Todo eso va con los progresos de nuestra individualidad. Pues bien, nos dice Turgot, hay que mirar a la humanidad como una continuidad viva, que habrá tenido en ella también su estado de infancia y que después progresaría en la historia.

Esta distinción de dos tiempos, el tiempo de la naturaleza y el tiempo de la historia, atraviesa toda la filosofía del siglo XVIII.

Se la encuentra también, por supuesto, en Condorcet, en su *Esbozo para un cuadro histórico de los progresos del espíritu humano,* acabado en 1794. Esta distinción de los tiempos significa que la historia es ante todo la posibilidad de una evolución. Muy pronto, en el siglo xix, la naturaleza se unirá a la libertad en la historia. Muy pronto vendrán Darwin y su teoría general de las especies, afirmando que las especies vivas también progresan. Antes de Darwin, tendremos a Cuvier y las *Recherches sur les ossements fossiles des quadrupèdes* [Investigaciones sobre las osamentas fósiles de los cuadrúpedos]. Este Cuvier fue uno de los fundadores de la paleontología; muestra que las especies maduran poco a poco y que se hacen más complejas, a la manera de Lamarck o por oposición a Lamarck que piensa el transformismo, es decir, la manera en que las especies se transforman desde el interior. En suma, la idea de que el progreso actúa en el tiempo va incluso a alcanzar a la naturaleza, pues sabemos hoy que no tiene esa circularidad eterna que los antiguos le podían atribuir. Para el mundo griego, para el mundo romano, para la Edad Media, la naturaleza estaba marcada por el retorno perpetuo de lo mismo, era una forma de la eternidad, a través del retorno perpetuo de lo que no cesa de crecer y perecer. Pero sabemos hoy que la naturaleza tiene una historia, de algún modo. Eso no es lo que aquí nos interesa. Lo que nos interesa aquí es la historia humana. Y vemos que, para los modernos conscientes de su propio valer, la historia aparece como el lugar de un camino del que nosotros somos por definición, en toda simplicidad, la cima. Porque si la historia progresa, y si camina de un modo lineal por la acumulación de los saberes y conocimientos, pero también de las cualidades morales que derivan de ese aprendizaje, por la mejora de las formas políticas de nuestra existencia común, entonces evidentemente cada instante del presente es una nueva cima de la historia humana. Y desde cada instante del presente podemos mirar lo que nos ha precedido como algo anterior, pero también, por supuesto, como algo inferior. ¡Pobre de quien quiera volver atrás y rencontrar las horas más sombrías de nuestra historia! Estamos en el momento de la claridad, y los tiempos que nos han precedido eran siglos oscuros, o más oscuros que el nuestro. Algo habrá actuado en esta evolución de la historia, algo habrá avanzado por su camino que nos hace hoy más sabios, más conscientes, más poderosos que los que nos han precedido. Y este progreso puede ser infinito.

> La naturaleza, dirá Condorcet, no ha puesto ningún límite a nuestras esperanzas.

Podemos esperar progresar así hasta la eternidad, esperar que las cosas se mejoren infinitamente. Pero podemos también mirar el progreso de la historia como algo marcado por un objetivo hacia el que caminamos, por un fin, que un día se alcanzará.

Esta idea de fin de la historia es la que se apropió todo el siglo XIX. Ella fija a la historia un límite, un término que vendrá a cerrarla, y mirándola podemos decir que efectivamente estamos progresando, puesto que nos acercamos al objetivo. Para hablar de este final de la historia, evidentemente hay que evocar la figura de un filósofo que cierra el siglo XVIII: Emmanuel Kant escribió (él tenía el arte de los títulos largos y complicados) *Idea para una historia universal en clave cosmopolita*. Hemos de llegar, explica él, a hacernos una idea de la historia universal, si queremos ser capaces de comprender el progreso. Por supuesto, si tenéis la nariz pegada a los acontecimientos del día, no veréis nada, no observaréis ningún progreso. Si miráis las acciones individuales de los hombres, vais a ver el caos, la repetición deprimente de lo mismo, quizá tendréis incluso el sentimiento de que las cosas van de mal en peor, que vivimos una regresión, una decadencia. Pero si vais hacia atrás y miráis la historia universal, no como una crónica precisa de los detalles, sino en la forma de una idea general, desde el punto de vista cosmopolita, es decir, tomando en cuenta la totalidad de las naciones, entonces todo podría verse de modo diferente. Vuestro país va quizá muy mal, pero desde el punto de vista cosmopolita… Deshagámonos un poco de nuestro punto de vista particular, de nuestra mirada demasiado inmersa en la particularidad del momento, miremos la historia de manera mucho más general. Y entonces veremos, en esta «historia universal desde un punto de vista cosmopolita», que el hombre obedece en efecto a una forma de ley universal de la naturaleza, pero que esta ley no le impone la repetición de lo mismo, al contrario. La historia universal es el lugar de una progresión continua hacia el cumplimiento del hombre, hacia su propia finalidad. ¿Cuál es el fin de la historia? El fin de cada cosa es a la vez su acabamiento y su cumplimiento. ¿Cuál puede ser pues el fin de la historia humana? Esa es la primera proposición que nos hace Kant, en esta *Idea de historia universal desde un punto de vista cosmopolita*: el fin de la historia no puede ser más que el cumplimiento de la naturaleza racional de los hombres, de su capacidad de pensar, de comprender el mundo, de conocerlo y conocerse a ellos mismos. Si el fin de cada cosa es su cumplimiento, hay que partir de la naturaleza del hombre para saber a qué tiende. Puesto que somos seres racionales, es ahí donde se encuentra nuestra finalidad. Y, sin embargo, me diréis, y Kant lo admitirá también, no somos solamente seres racionales...

Somos también seres de pasión, de pulsión, seres de deseo. Hay en nosotros algo totalmente irracional, evidentemente. ¿Cómo comprender que esas pasiones que nos atraviesan no pongan obstáculo al cumplimiento de nuestra naturaleza racional? Pues bien, es que la naturaleza que dirige la historia —como una determinación universal hacia la finalidad que ella persigue— utiliza en nosotros lo que no es racional para conseguir lo que hay de más racional. La naturaleza utiliza en nosotros incluso lo más irracional, para permitirnos avanzar hacia lo que es más razonable. Utiliza lo peor de nosotros para hacer surgir lo mejor. Cuando por lo demás se miran las motivaciones de los hombres en el cumplimiento de sus más grandes acciones, de sus más hermosas obras, en la realización de sus descubrimientos más decisivos, se verá que a menudo hay en el centro de sus motivaciones algo bastante mediocre. Cuando se ve a los hombres hacer lo que honra más a la razón humana, se observa que están con frecuencia animados por motivos perfectamente irracionales. Los más grandes políticos de la historia, que han hecho los mayores progresos en la consciencia humana, en el derecho, en las instituciones, estaban a menudo animados por pasiones violentas, o por instintos mezclados con las ganas de brillar, de existir, de ser reconocidos. Todo eso forma parte de nuestra humanidad. Pero todo eso, paradójicamente, la naturaleza lo utiliza para impulsarnos a lo mejor.

En la octava proposición de la *Idea de la historia universal desde el punto de vista cosmopolita,* Kant recurre a la metáfora del bosque. Vivimos en sociedad, y en la sociedad pasamos nuestro tiempo en rivalidad perpetua unos con otros. Vivimos juntos, mientras que no nos soportamos. Pero continuamos sin embargo viviendo juntos. Los demás nos resultan intolerables, y sin embargo vivimos con ellos. Mirad lo que es una gran ciudad: detestamos la masa, pero vivimos todos en medio de la masa. ¿Y por qué? Pues bien, a causa de ese impulso natural en nosotros, de esa paradoja absoluta que Kant llama «la insociable sociabilidad del hombre».

Con este oxímoron, expresa el hecho de que el hombre necesita vivir en sociedad, pero que en medio de la sociedad siempre tiene que oponerse a los demás. ¿Y cómo se sirve la naturaleza de esta «insociable sociabilidad»? Su primer efecto es hacernos llegar más arriba, porque esta emulación nos estimula, un poco como el árbol en un bosque. Si plantáis un árbol solo en medio de una llanura, va a crecer, pero sin subir mucho. Plantáis el mismo árbol con otros muchos a su alrededor, todos crecerán más altos, porque cada uno busca la luz del sol y, necesitándola todos, van a buscarla cada vez más arriba. Ese es el principio del bosque: plantad muchos árboles juntos, van a crecer rectos y altos si lo habéis hecho bien, si habéis acortado la distancia entre uno y otro. La competición por la luz hará que cada uno crezca lo más recto y alto posible. Nosotros nunca llegamos más arriba que cuando nuestro interés nos impulsa a un objetivo que no habíamos buscado de antemano. Al final, nos dice Kant, la naturaleza se sirve de todo para encontrar su camino, y para permitir a la humanidad seguir su propio camino en la historia. Emplea el impulso más individual para hacer avanzar el progreso más universal. La naturaleza se sirve de todo, incluso de lo más malo, de lo mediocre, a veces de lo absurdo, para que gane la razón. Es una idea tranquilizadora, y que viene a consolarnos de muchos conflictos, porque en el fondo, evidentemente, no nos hace muy felices en lo inmediato ver los efectos de esta competición entre los hombres. Esta lucha continua engendra tantas decepciones, heridas, celotipias, pequeñeces... ¡Tanta violencia! Así intenta Kant responder a la cuestión de la guerra. Después de todo, la guerra es por supuesto el lugar de la violencia absoluta. Pero... ¿se ha visto alguna vez al hombre dar más lo mejor de sí mismo que en tiempo de guerra? Esta pregunta complaciente puede hacer temblar a quien sabe lo que es la guerra. Sabemos lo que han sido las dos guerras mundiales. Como escribirá Nietzsche, algunos decenios después de Kant:

> Es una idea vana de soñadores y de buenazos esperar mucho aún (o incluso: mucho solamente entonces) de la humanidad, cuando se haya olvidado de hacer la guerra[8].

Esta intuición atraviesa toda la filosofía del siglo XIX. Podemos compararla con esas dos formas del agua: de un lado, el agua estancada, la de un embalse, y de otro lado, el agua corriente que salta sobre las rocas. Pues bien, una

---

[8] *Humano, demasiado humano*, I, 477.

humanidad que se alza, que se impulsa adelante, una humanidad que se compromete en rivalidades, incluidas las rivalidades peligrosas y arriesgadas, se parece al agua clara de los ríos, en movimiento sin cesar. Y la humanidad que, por el contrario, quiere siempre quedar inmóvil, que no tiene grandes pasiones, es una humanidad que no da ya lo mejor de sí misma, y que aparece como finalmente embalsada, sin interés. Pues Kant nos dice que la naturaleza se sirve de todo: y hay ahí algo que podría consolarnos, porque nosotros lo que vemos son los horrores de la historia, pero lo que ve Kant con su perspectiva universal es el progreso del espíritu humano; a través de lo más mediocre, más grave, más triste, incluso a veces de lo más trágico, está lo que nos hace crecer más. Ese es el consuelo que podemos sacar de la filosofía kantiana: mirar el plan de la naturaleza en la historia, el plan de esta naturaleza que gobierna la historia. Y es ese progreso de la razón lo que constituye la esperanza de este momento filosófico, al que volvemos una y otra vez. La historia nos conduce inevitablemente hacia un cumplimiento de la racionalidad, que se realiza incluso a través de esas aberraciones puntuales que consideramos accidentes, pruebas, o como la señal de una condenación definitiva a la repetición de lo mismo. La historia progresa en esos momentos en que lo más loco que hay en nosotros viene a servir también a la razón. Es lo que, en ese plano, uno de los sucesores de Kant llamará «la astucia de la razón».

En *La Razón en la historia,* el filósofo Hegel nos permite hacernos cargo de esta complejidad trágica de la historia. Es un hecho que la historia progresa, Hegel está cierto de eso. La historia es el progreso del espíritu en la historia. ¿Qué es el espíritu? Para hablar del espíritu en Hegel habría que tener más tiempo, pero digamos muy simplemente que es la consciencia que la razón tiene de ella misma, es decir, que nosotros nos vamos haciendo conscientes progresivamente de nuestra propia capacidad de pensar, de nuestra capacidad de comprender, y así devenimos conscientes de nuestra libertad. El espíritu es la consciencia que tiene el hombre de su libertad. Y la historia, nos promete Hegel, es el cumplimiento del espíritu, es decir, el cumplimiento de la consciencia que tiene el hombre de su libertad. La historia es la historia de la libertad haciéndose consciente de ella misma. En *La Razón en la historia,* así como en otros textos que se pueden encontrar entre las *Lecciones sobre la filosofía de la historia,* encontramos esta certeza absoluta de Hegel, la seguridad de que la historia es el camino de un progreso, e incluso de un progreso continuo, aunque ese progreso no aparece a primera vista.

Volvamos a la dialéctica del amo y del esclavo. Ya hemos hablado de eso. Después de ganar el combate originario, quien deviene el amo del vencido hace de él su esclavo y se aprovecha de su trabajo. Pero por eso se convierte en dependiente de su esclavo; y pronto o tarde, lo paga perdiendo su poder: el amo deviene entonces esclavo de su esclavo, y el esclavo en amo del amo. ¿Es un juego de suma cero? ¿Una vuelta al punto de partida? ¿Al final, nada cambia? Pues bien, sí, algo cambia: hay reversión, destrucción de lo que había antes, e inversión de la situación; pero algo ha cambiado. El nuevo amo no es ya comparable al primero. El amo que ha sido esclavo sabe exactamente lo que es esta libertad adquirida a tanto precio. Es mucho más consciente de su libertad que quien no ha pasado por la esclavitud. Algo ha cambiado. La libertad es en adelante más consciente de ella misma. Hay pues un progreso. Pero este progreso se opera de manera «dialéctica», nos dice Hegel. Implica una forma de ruptura necesariamente, de destrucción, de trastorno, que hace que la negación entre en el proceso. El progreso no es solo positivo, es también negativo. Es eso lo que define su carácter dialéctico: el progreso no es solamente productivo. No engendra solo bienes nuevos. Destruye también bienes anteriores. Y no puede realizarse sin eso. Es lo que Schumpeter consagrará en economía con el principio de la «destrucción creadora»: en el fondo, esta intuición está ya presente en el centro del hegelianismo, en esta visión dialéctica de la historia. Para que surja algo mejor, es necesario que desaparezca lo anterior, y no puede ser de otro modo. Y esa es la razón por la que nos cuesta ver el progreso en la historia: al mirar ese progreso que está comenzando a realizarse, no somos nosotros la cumbre de la historia. Somos solamente una etapa, y la historia progresará superando esa etapa, es decir, adelantándonos, pisándonos por así decir... Eso es bastante desagradable, pero es así como sucede.

En las *Lecciones,* no de filosofía de la historia, sino *de historia de la filosofía,* Hegel toma para hablarnos de la dialéctica la imagen muy evocadora de la planta —veis que, en el fondo, pasamos nuestro tiempo en una ida y vuelta entre la naturaleza y la historia—. ¿Qué es una planta? Una planta es toda una historia, precisamente. Al principio es una semilla: está ahí en la tierra, tranquila, bien abrigada. Y se dice, ingenuamente por cierto: yo soy la planta. Y de golpe, ¡boom!, la semilla explota, y sale el tallo. Para que llegue el tallo, es necesario que la semilla explote. Como dice la frase evangélica: «Si el grano no muere, no produce fruto».

Es preciso que la semilla desaparezca, dice Hegel, para que el tallo llegue, para que las raíces puedan brotar. Y el tallo sale de la tierra, glorioso, y dice: ¡yo soy la planta! Pero no del todo. Porque viene luego la hoja. Y después de ella, la yema. Y la yema proclama en la mañana en que nace: yo, la yema, soy el ser de la planta, soy yo quien es la planta. Pero, qué va. Muy pronto se la desmiente. La yema explota a su vez, y la flor se abre al sol. No podéis imaginar que la flor conserve todos los estados anteriores. La flor no puede seguir siendo una semilla, no puede ser una yema, o no habría flor. ¿Qué es pues una planta? Pues bien, es una historia, es un proceso, es un progreso. Pero ese progreso es destructor en cuanto que es creador. Y para que sea creador, es preciso que sea destructor.

Y para que los esclavos sean libres, es preciso que sean destruidos los amos, en cierta manera. Es necesario que el amo pierda en todos los casos su dominio sobre el esclavo, y que este gane su libertad. El progreso no puede hacer solo hombres felices, eso no es posible. Por otra parte, nunca hace felices y siempre hace desgraciados. Y esa es la razón por la que supone una contradicción mayor —y sobre ese punto Hegel cumple la intuición kantiana— entre el punto de vista del individuo histórico, es decir, del individuo que somos cada uno de nosotros en la historia, y el punto de vista cosmopolita, global, el punto de vista universal como lo llamaba Kant. Evidentemente, para nosotros los europeos, es un poco penoso. Hemos sido el centro del mundo y tenemos aún la impresión tranquila de serlo. Y, sin embargo, eso ya no es así. Pero es preciso, para que la historia progrese, que quienes eran en otro tiempo los amos del mundo terminen por perder ese dominio. Y así camina en el tiempo la «consciencia de la libertad»; pero esto supone aceptar que no somos el fin de la historia, que no somos la última palabra, el punto final, que no éramos más que una etapa. No es muy agradable no ser más que un brote. Si miráis las cosas desde el punto de vista de la yema, el espectáculo de la flor que se abre no es tan agradable. Pero lo que cuenta, en esta perspectiva dialéctica, es considerar la historia en su globalidad. Y lo que es magnífico es verla hacer su obra a través de esas etapas que son la ocasión de una superación sucesiva. Para que se opere esa superación —están aquí dos enseñanzas que nos propone Hegel, que vienen a corroborar en cierto modo lo que Kant nos proponía— es necesaria la voluntad de los individuos históricos; pero los individuos no pueden cooperar lúcidamente al progreso de la historia, puesto que hay una distorsión radical, e incluso una oposición completa, entre el punto de vista del individuo y el punto de vista universal. ¿Cómo podrían decir los individuos: «Yo quiero servir al progreso universal»? Eso no sucede nunca. Es contrario a sus intereses. La yema quiere seguir siendo lo que es, y solo se destruye para que la flor llegue por la fuerza vital que la invade.

Es necesario pues que la historia avance a través de nuestros actos, sin que seamos conscientes de ello. Es lo que Hegel llama la «astucia de la razón». Creemos servir a nuestras propias motivaciones, convencidos de lo que deseamos en lo inmediato, de lo más individual, incluso nuestro egoísmo; pero de hecho estamos sirviendo al progreso universal del que no tenemos consciencia. Si la tuviésemos, tampoco querríamos servirlo, pues constituye la ocasión en que somos superados, y de algún modo destruidos. Es lo que les ha sucedido a todos los «grandes hombres». Todos los grandes hombres que han hecho la historia, dice Hegel, tienen un punto en común: han sido destruidos por la historia que hacían. Ya hemos mencionado el ejemplo que fascina más a Hegel: Napoleón Bonaparte. Hegel trabajaba en Jena en el momento en que la ciudad era invadida por Napoleón. Evidentemente es bastante desagradable verse invadido, pero Hegel es un hombre de lo universal y no es un ingrato. Mide los efectos inesperados de las conquistas napoleónicas: claro que han sido efímeras, por supuesto Napoleón se hundió rápidamente con su proyecto imperial; pero entretanto habrá dejado avances indelebles. Tuvo tiempo, sobre todo, en estos estados alemanes que estaban tan divididos, marcados por las tradiciones jurídicas salidas del feudalismo, de imponer el código civil, la influencia de un derecho centralizado, racional. ¡Qué increíble progreso! Al conquistar su imperio, Napoleón no tenía el proyecto de servir de etapa a la historia universal, sino el de convertirse en un gran emperador. Napoleón no estaba animado por la razón, sino por todas las pasiones humanas en lo que tienen de más intenso, más radical, más violento. Pero sin saberlo ni quererlo, habrá servido al progreso de la razón, de la racionalidad. Esa es la «astucia de la razón»: se sirve de lo que hay en nosotros de más pasional, para poder fomentar lo que hay de más racional.

Evidentemente, eso se juega al precio de la destrucción de los individuos históricos.

«El amor dichoso no tiene historia»[9], se dice.

Y en la gran escena del mundo, las épocas felices son páginas blancas de la historia. En una época feliz, no hay nada que contar, no sucede nada. Pero tomad por ejemplo la época napoleónica, es un periodo espantoso, y al mismo tiempo hay ahí un gran destino. Donde la historia es grande, se despliegan las pasiones y sobre todo «ahí se juega el progreso verdadero en la conciencia de la libertad». Entonces, evidentemente, qué importa Napoleón aplastado, ante la mirada del progreso de la historia. Y qué importan sobre todo los cientos de miles de soldados muertos en la expedición de Napoleón Bonaparte.

Esto es también lo que parece decir Turgot en el texto que leímos hace poco, en una frase que he descubierto al preparar esta conferencia, y que parece una ironía de la historia. Turgot escribe al final de su discurso:

> Por fin se han disipado todas las sombras. ¡Qué luz brilla en todas partes! ¡Qué multitud de grandes hombres en todos los géneros! ¡Qué perfección de la razón humana! Un hombre, Newton, ha sometido el infinito al cálculo; ha desvelado las propiedades de la luz que, iluminándolo todo, parecía ocultarse ella misma; ha puesto en la balanza los astros, la tierra y todas las fuerzas de la naturaleza. Este hombre ha encontrado un rival. Leibnitz abraza en su vasta inteligencia todos los objetos del espíritu humano. Las diferentes ciencias, encerradas antes en un pequeño número de nociones simples, comunes a todos, no pueden ya entenderse más que por separado, cuando han alcanzado sus progresos más extensos y más difíciles. Pero

---

[9] Denis de Rougemont, *L'Amour et l'Occident*, 1939.

un progreso mayor se les acerca, porque se descubre esta dependencia mutua de todas las verdades que, encadenándolas entre sí, ilumina a cada una por las demás; porque si cada día añade algo a la inmensidad de las ciencias, cada día las hace más fáciles; porque los métodos se multiplican con los descubrimientos, porque el andamio se eleva con el edificio.

Al leer esta frase, me he preguntado lo que Turgot podía querer decir con esta curiosa expresión: «El andamio se eleva con el edificio». ¿Por qué termina su discurso con la mención del andamio? Estamos en 1750... [El término empleado es *échafaud*, que significa también cadalso]. Pues bien, Turgot no se refiere para nada a la guillotina, quería solo decir que nuestros medios técnicos aumentan y se perfeccionan con lo que hemos construido con ellos.

Claro que, en 1750 en particular, esta fórmula tiene algo curioso, paradójico, algo de una ironía de la historia, en el momento en que Turgot termina su discurso con un elogio «al gran rey Luis»... Entonces, ¿qué retener de esta intuición? Es que, precisamente en la perspectiva que nos propone Hegel, en esta perspectiva dialéctica, el progreso aparece teniendo un doble filo.

«El *échafaud* se eleva con el edificio». Y quizá hemos de reconocer que hay en esta mirada algo que ha preparado lo peor del siglo XX; porque la idea de que la vida humana finalmente, una vida particular, no es tan importante ante el progreso de la historia —esa idea según la cual se puede sacrificar al individuo al progreso de lo universal— ha sido la matriz de todos los totalitarismos, e incluso de la barbarie inédita de la Gran Guerra, que vamos a conmemorar pronto. Pero si el progreso es de doble filo, es quizá por una razón más profunda que por el peligro de una idealización del porvenir, que nos haría arriesgarnos a todo con tal de que pudiese cumplirse.

En efecto, sin duda la historia del hombre, a través de lo que miramos como un progreso, no es al final la ocasión de caminar en la conciencia de la libertad, sino en la de perderla progresivamente. El que lanza eso, como una especie de nota falsa en el concierto de los siglos XVIII y XIX, el que trae el contrapunto de esta creencia en la luz que se hace en la historia, es Jean Jacques Rousseau. Todos conocéis esta expresión que condensa toda su filosofía:

La naturaleza ha hecho al hombre feliz y bueno, pero [...] la sociedad lo deprava y le vuelve miserable[10].

El hombre es bueno por naturaleza: la condición humana en su origen es perfectamente buena. En el fondo, se puede decir que Rousseau ha tenido una sola idea, y que la ha repetido durante toda su vida —es a menudo lo que hace un gran filósofo—. Esta capacidad de madurar sin cesar una gran idea y declinarla en direcciones diferentes caracteriza la obra de Rousseau. Una mañanita de 1789, en pleno momento de fascinación por el progreso, por otra parte, en la víspera de ese discurso de Turgot que os leía hace un instante, Rousseau va a visitar a su amigo Denis Diderot que está preso en el fuerte de Vincennes. Y, andando por el camino, lee en el Mercure de France una cuestión planteada por la Academia de Dijon en un

---

[10] *Rousseau juge de Jean Jacques*, 3e dialogue.

concurso. La cuestión es esta: «Si el progreso de las ciencias y de las artes ha contribuido a corromper o a depurar las costumbres». Para los eruditos que proponen este asunto, la respuesta a tal cuestión no puede ser más que una especie de evidencia retórica, la ocasión de un momento de elocuencia: se trata naturalmente de componer un elogio del progreso.

Pero en esta lectura, a Rousseau le llega una cierta inspiración repentina, que él describirá más tarde como una iluminación. La evidencia le aparece bien diferente. En realidad, todo el problema está ahí: las ciencias y las artes, la cultura, todo lo que une a una sociedad, todo lo que se transmite de generación en generación, todo eso es una catástrofe absoluta para la humanidad, para nuestra naturaleza humana perdida para siempre. Cuanto más hemos progresado en la vida en sociedad, en la conciencia, la ciencia, la razón, y más nos hemos convertido en artistas, más inhumanos hemos llegado a ser; hemos perdido esta naturaleza primera inocente, que se adivina aún en la condición animal. Mirad al animal: es incapaz de querer el mal. El animal mata, por supuesto, pero solo para alimentarse. Eso no tiene la maldad de la violencia gratuita. Pues bien, hay que suponer que el hombre, en su estado natural, era como el animal, inocuo, de una inocencia absoluta. El hombre no es naturalmente sociable. La vida en sociedad es un accidente de la historia. La historia no tendría que haber existido. Hubiésemos debido quedarnos en el orden de la naturaleza, en esta continuidad perfecta que no tiene memoria; y como no la tiene nosotros no hemos guardado el recuerdo.

Al comienzo de la humanidad, dirá Rousseau en el *Discurso sobre el origen y los fundamentos de la desigualdad entre los hombres,* el hombre es perfectamente solitario. Subviene muy bien él solo a sus necesidades.

Considerándole en una palabra tal como ha debido salir de las manos de la naturaleza, veo un animal menos fuerte que unos, menos ágil que otros, pero en conjunto, el más organizado y aventajado de todos: le veo saciándose bajo una encina, calmando la sed en el primer arroyo, encontrando su lecho al pie del mismo árbol que le ha proporcionado su comida; y sus necesidades quedan satisfechas.

¿No es eso la felicidad? ¿Se ha progresado de verdad desde entonces? Ved nuestras jornadas agotadoras, el trabajo y las preocupaciones infinitas que pesan en cada momento... ¿Para qué nos ha servido todo eso, toda esta sofisticación de la vida en sociedad? De hecho, el hombre no tiene ninguna necesidad de vivir en sociedad. Se ha llegado ahí por azar. ¿Por qué razón? Sabemos poca cosa de eso, nos dice Rousseau. Sin duda ha llegado por accidente. Sucedió que los hombres comenzaron a agruparse. Hasta entonces, vivían como solitarios. Luego, de vez en cuando, un hombre se cruzaba con una mujer y nacía un niño. Rousseau pretende que la mujer se ocupaba del hijo, mientras que el padre podía irse alegremente. Y cuando el niño estaba criado, cuando podía manejarse solo, la madre lo dejaba; ya no lo reconocía algunos años más tarde. El hombre es un ser solitario. Todo lo demás es construcción social. La sociedad nació porque nos reagrupamos, por una razón muy rara, en todos los casos, accidental. Pero, finalmente, hemos seguido juntos. Hemos comenzado a emitir sonidos articulados, que han devenido un lenguaje; hemos comenzado a hablar.

Y también hemos comenzado, en esta nueva vida en sociedad, a mirarnos unos a otros. Necesidad de reconocernos que no tiene nada de natural, dice Rousseau: el animal no tiene necesidad de reconocimiento. Pero hemos tenido necesidad de ser reconocidos por los demás, de ser admirado. Entonces comienzan las primeras pasiones del amor, de los celos, y la competición social. ¿Qué quiere decir vivir en sociedad? Eso es vivir siempre bajo la mirada de los demás, vivir incluso de la mirada de los demás, esperar de ellos que legitimen lo que hacemos. Eso es la vida en sociedad: una carrera perpetua (y siempre frustrada) para conseguir el reconocimiento de otro. ¿Hemos ganado algo? ¿No hubiera sido mejor quedarnos en el estado de naturaleza, muy cerca de la condición animal? Rousseau está desolado ante lo mejor que nos ha sucedido: «El hombre que medita es un animal depravado».

¡Se estaba bastante mejor antes de comenzar a reflexionar! La existencia era mucho más tranquila, más pacífica. Y he aquí que nos hemos impuesto a nosotros mismos todas esas complicaciones superfluas, que hemos llamado «progreso». Entonces sí, es verdad, hemos progresado en cierta manera. Hemos progresado, puesto que la naturaleza humana se distingue por lo que Rousseau llama la «perfectibilidad», la facultad de desarrollar saberes y habilidades nuevas. Hemos conseguido ser capaces de aprender. Hemos aprendido mucho. Hemos adquirido poder por la técnica y la tecnología. Mirad lo que el hombre ha sabido transformar en el mundo, cómo domina la naturaleza, y cómo amplía sus fronteras... Pero todo ese progreso, en realidad, ha sido a costa de la degradación progresiva de nuestra condición natural.

El hombre es más que su estado natural, por supuesto; pero hemos atravesado los océanos, dice Rousseau, y hemos encontrado, más allá de los mares, esta figura que apasiona a la filosofía de las Luces: la figura del buen salvaje. Los «salvajes» de la época de las Luces no se parecen a los hombres en estado de naturaleza tales como los imagina Rousseau, porque viven ya en sociedades, pero, finalmente, son sociedades muy primitivas, según los europeos. Están muy cerca del estado natural. Se parecen a las primeras sociedades del mundo. Tenemos la impresión, nosotros los europeos, de haber progresado mucho en relación con ellas. Tenemos la impresión de saber mucho más, de poder mucho más y por esa razón, con toda buena conciencia, animados por la certeza de ser la última palabra de la historia, hemos colonizado a esos pueblos lejanos, para darles la civilización. Es lo que dice Jules Ferry en un discurso de 1885: «Las razas superiores tienen el deber de civilizar a las razas inferiores».

Pero ¿quién es verdaderamente inferior?, pregunta Rousseau. ¿Quién es verdaderamente inferior en la historia? Comparemos al salvaje y al colonizador. Comparemos al que se llama hoy amerindio con el europeo. Comparemos al colonizado con el que viene a su encuentro armado con un sentimiento tan seguro de su propia superioridad. Por supuesto, llegamos en barco, con armas de fuego, herramientas, máquinas, esos dispositivos técnicos impresionantes; pero ellos disponen de tantas facultades que nosotros hemos perdido en nuestros cuerpos.

El cuerpo del hombre salvaje, siendo el único instrumento que él conoce [escribe Rousseau], lo emplea para diversos usos, de los que, por falta de ejercicio, los nuestros son incapaces, y es nuestra técnica lo que nos quita la fuerza y la agilidad, que a él la necesidad le obliga a adquirir. ¿Si hubiera tenido un hacha, rompería su puño ramas tan fuertes? ¿Si hubiera tenido una honda, lanzaría con la mano una piedra con tanta puntería? ¿Si hubiera tenido una escala, treparía tan fácilmente a un árbol? ¿Si hubiera tenido un caballo, sería tan rápido corriendo? Dejad al hombre civilizado el tiempo de reunir todas sus máquinas a su alrededor, no se puede dudar de que no supera fácilmente al hombre salvaje; pero si queréis ver un combate más desigual aún, ponedlos desnudos y desarmados uno frente a otro, y reconoceréis bien pronto la ventaja que supone disponer sin cesar de todas sus fuerzas, de estar siempre listo ante cualquier evento, y de cargar, por así decir, siempre todo entero consigo.

«De cargar, por así decir, siempre todo entero consigo». ¡La fórmula es magnífica! Por supuesto, con un automóvil nosotros vamos más rápidos que el hombre del estado de naturaleza. Pero ahora, lancemos el mismo desafío, poniéndonos los dos desarmados, sin herramientas, uno frente a otro, y entonces veremos cuánto hemos perdido. No tenemos necesidad de mirar tan lejos como el hombre en estado de naturaleza, no hay incluso que remontarse hasta ese buen salvaje tal como ingenuamente lo describían los europeos.

Basta considerar por ejemplo a los que nos han precedido hace una, dos, o tres generaciones. Claro que al lado de ellos nosotros disponemos de un arsenal tecnológico mucho más impresionante. Con un *smartphone,* no dudamos de que nos orientamos mejor en Paris que un parisino hace treinta años. Pero que nos quiten ese teléfono, y se verá qué pasa. Con ese útil en el bolsillo, somos casi todopoderosos. Pero toda esa omnipotencia que nos parece haber adquirido, en realidad, es la señal de nuestra impotencia inédita: cuando el smartphone se apaga, estamos completamente perdidos. Leía recientemente que los psiquiatras han identificado una nueva enfermedad psíquica que llaman la nomofobia (no móvil fobia), el sentimiento de estar literalmente desnudos, si se nos quita nuestro teléfono móvil. Olvidadlo un día al salir de casa, el mundo deviene de pronto mucho más complicado. ¿Qué pasa en el mundo? ¿Cómo relacionarse con los demás? ¿Cómo hablarles? ¿Cómo estar en relación con ellos si no sabemos ya lo que tienen que contarnos? ¿Cómo movernos en el espacio? ¿Cómo encontrar los horarios del próximo tren? En suma, estamos completamente desconcertados si nos quitan este objeto que es hoy nuestro intermediario necesario con el mundo que nos rodea. Por supuesto, podemos responder a no importa qué pregunta sobre la naturaleza de nuestro entorno con un buscador en el bolsillo. Pero que se nos quite, y no sabremos reconocer la hoja de un árbol de cualquier otra hoja, un pájaro de otro, un paisaje o una nube... No es necesario remontarnos hasta el estado salvaje. Creemos haber progresado. Pero todo nuestro progreso no ha hecho más que constituir la ocasión de nuestra decadencia progresiva. Eso es lo que nos dice Rousseau. Evidentemente, no es muy satisfactorio, pero podemos reconocerlo ¿no es así?

Si tuviese un caballo, ¿él correría tan rápido?

¿Es que en el fondo no vivimos ese deslizamiento que consiste en delegar poco a poco en los objetos que producimos las facultades más fabulosas y más necesarias de nuestra condición humana? Discutíamos de esto con un amigo hace unos días. Es una suerte, me decía él, que tengamos en el bolsillo una memoria extraordinaria. En realidad, no la tenemos: es la memoria de una herramienta. Por lo demás, no se parece en absoluto a la memoria humana. Pero porque creemos tener en el bolsillo una memoria extraordinaria que retiene para nosotros toda la poesía del mundo, hemos olvidado aprender un poco de poesía por nosotros mismos. Y fechas, y lugares de batallas, nombres de ciudades, historias de familia, leyendas épicas o cuentos infantiles, y tantas otras cosas… Y así, ya no tenemos memoria. Nuestra memoria está atrofiada. Ya no tenemos tanta memoria, con un smartphone en el bolsillo, como las generaciones que nos han precedido. Por el contrario, hemos perdido la experiencia incluso de aprender algo de memoria. Y tenemos la impresión, porque ya no tenemos memoria, de haber perdido hasta nuestra atención al mundo, de estar totalmente despistados, dispersos, en la fluctuación del presente, en este reino de la inmediatez. Es inútil que os lo explique, lo sentís, lo sabéis igual que yo. Todos lo sabemos. Hay en nuestras herramientas, en las que están en nuestro poder, algo que en realidad escapa a nuestro poder. Pensamos ser cada vez más los amos, y sin embargo tenemos la impresión de ser cada vez más esclavos de eso con lo que pretendíamos dominar el mundo que nos rodea. ¿Hay un progreso en la historia? ¿Pero dónde está en verdad ese progreso?

Para comprenderlo, detengámonos simplemente en esta distinción decisiva que nos propone un autor sorprendente, a la vez filósofo y economista, un casi contemporáneo: Georg von Radkowski. Es muy poco conocido, pero merece ser leído. Radkowski, a quien ya cité el año pasado, es el autor de un libro magnífico titulado *Les Jeux du désir* [Los Juegos del deseo], un libro muy singular en su escritura. Es un texto de economía que se acompaña con reflexiones filosóficas —a cada parágrafo de economía le sigue otro de filosofía que lo explicita—. Es de verdad un texto apasionante, que nos obliga a reflexionar justamente sobre esta cuestión del progreso, y sobre todo en nuestra creencia tan común hoy en lo que se llama el progreso técnico. En realidad, dice Radkowski, no hay progreso técnico.

Solo hay progreso en relación con algo exterior a la técnica, en relación con un bien que hemos determinado como valor absoluto, y que un nuevo dispositivo técnico nos permite economizar, conservar, proteger, preservar. El tren de alta velocidad es un progreso técnico si queremos ahorrar tiempo. Y si es el tiempo lo que tiene valor para nosotros, entonces el tren es un progreso. Pero si lo que cuenta es nuestra atención al mundo, entonces caminar es con toda evidencia superior al tren de alta velocidad. Los debates de actualidad lo muestran suficientemente: el automóvil es un progreso en relación con la marcha a pie o en bicicleta si queremos ir más deprisa. Pero si queremos economizar los recursos fósiles, si queremos proteger el planeta, si queremos atender a la calidad del mundo que nos rodea, entonces la bicicleta, el andar incluso, son un progreso sobre el automóvil. No hay progreso en sí. Y esa es la falsa evidencia que deberíamos descalificar.

Sin duda es preciso rehusar resignarnos a la idea de que todo es siempre parecido, que todo viene a ser lo mismo. Por supuesto, hemos de aprender de nuestros errores, e intentar hacer progresos. Sin duda es a eso a lo que aspiramos todos. Pero debemos romper definitivamente con la ilusión de un progreso que se cumpliría necesariamente en la historia a través de todas las novedades, a través de todos los cambios, a través de todo lo que viene a aportar algo inédito tanto en nuestra existencia colectiva, como en nuestras vidas personales. No hay progreso en sí. El progreso no puede ser tal más que en relación con lo que hemos determinado en nuestra propia decisión como el objetivo perseguido, como el valor absoluto, ese a la vista del cual afirmaremos que un dispositivo nuevo, que una innovación, que un cambio son, o no, progresos. Y lo que se juega entonces no es saber si hay que aceptar o no el progreso. La cuestión que se nos presenta no es si hay que querer el porvenir, o volver al pasado. Lo propio del pasado es que ha pasado para siempre. Pero también es propio del pasado que viene por la memoria, que lo constituye en recuerdo, unirse con el presente. Es también algo propio del pasado que puede iluminarnos en cuanto a la elección que tenemos que hacer hoy. No se trata de querer o no querer el futuro. Se trata de determinar lo que será para nosotros un progreso. ¿Qué porvenir queremos que venga? Y es aquí donde interviene la definitiva necesidad de la actividad política.

La política es justamente el lugar donde trabajamos juntos para definir lo que queremos perseguir, para fijar esos progresos que queremos hacer posibles. Y la política consiste en hacerlo con la contingencia de la historia: nada está escrito por anticipado. Hablamos juntos, evocando la cuestión del pasado, del magnífico pensamiento de Bergson que quería deconstruir la idea que nos hacemos de esta flecha del tiempo, esta flecha en la que ya estaría escrito el evento que vendrá, en que estaría ya presente todo lo que no es aún más que futuro. Bergson trata en *El pensamiento y lo moviente,* lo que un periodista le preguntaba un día sobre el porvenir de la literatura:

> «¿Cómo concibe usted, por ejemplo, la gran obra dramática de mañana?». Me acordaré siempre de la sorpresa de mi interlocutor cuando le respondí: «Si supiera lo que será la gran obra dramática de mañana, yo la haría». Veo que él concebía la obra futura como encerrada, desde entonces, en no sé qué armario de los posibles; yo debía, en consideración a mis relaciones ya antiguas con la filosofía, haber obtenido de ella la llave del armario. «Pero —le dije— la obra de la que habla no es todavía posible».

Será preciso que la acción humana la haga posible para que pueda llegar a la escena de la literatura. Lo mismo sucede con toda nuestra relación con el futuro. ¿Qué progreso verdadero llegará mañana? ¿Qué podemos nosotros determinar como el auténtico progreso que queremos seguir? Esa es la gran cuestión que encuentra la política, precisamente porque la historia no está escrita de antemano. No basta hacer como si estuvieran de un lado los que quieren ir adelante, y del otro lado los que quieren volver atrás. La cuestión que se nos plantea con todo nuestro presente, en lo que tiene de bueno y en sus imperfecciones, es la siguiente: ¿cómo hacemos posible un verdadero progreso? ¿Respecto a qué valor absoluto, qué objetivo invariable vamos a adoptar en nuestro camino para progresar? ¿Qué queremos preservar? ¿Y qué aceptamos perder? ¿Qué es importante para nosotros, y qué no lo es? Esa es la cuestión fundamental. Y esta experiencia de la política supone en primer lugar reconocer que el progreso no está escrito de antemano.

Es lo que nos dice el último autor que podríamos citar para meditar sobre el progreso, ese gran filósofo alemán que también es un gran sociólogo, Max Weber. En *El oficio y la vocación de político,* recupera una perspectiva que ya había propuesto reflexionando sobre la historia, con ocasión de una obra anterior, los *Ensayos sobre la teoría de la ciencia.* ¿Qué quiere decir estudiar la historia?, nos pregunta Weber. Estudiar la historia significa comprender cómo tales acontecimientos han ocasionado tales efectos, tales consecuencias sobre la historia. ¿Y cómo saber que los acontecimientos están ligados entre ellos por una relación de causa a consecuencia? Pues bien, solamente por un esfuerzo de abstracción. ¿Qué hace el biólogo cuando trata de saber para qué sirve un órgano? Mira lo que pasa cuando se retira ese órgano. Comprendemos para qué sirve un órgano cuando miramos vivir a un organismo del que se ha retirado. Saber para qué sirve un órgano en medio de un organismo es saber qué pasaría si no dispusiera de él. Pues bien, el historiador debe hacer algo parecido. El historiador que estudia la historia, consciente o inconscientemente, no cesa de preguntarse —y la cuestión es vertiginosa: qué hubiese sucedido si las cosas no hubieran sido así—. Para comprender los efectos de la victoria de los griegos en la batalla de Maratón, hay que plantear la cuestión: ¿qué habría pasado si los griegos hubiesen perdido la batalla y los persas la hubieran ganado? Y es en esta cuestión como se reconoce la amplitud de las consecuencias de la batalla de Maratón. Hacer historia, es pues enfrentarse a la contingencia de la historia. El historiador pasa su tiempo estudiando lo que no se ha producido, lo que no sucedió; estudia en cierta manera lo que no está disponible, todo lo que no ha sido. Y al lado de lo que no fue es como miramos lo que pasó, y podemos comprender la amplitud de las consecuencias de tal o cual evento. Dicho de otro modo, hacer historia es encontrar la contingencia de la historia. Todo no está escrito de antemano. Los griegos hubieran podido perder la batalla de Maratón. El destino de nuestra civilización habría sido totalmente diferente, y por poco es así. Porque, nos dice Weber, la historia está marcada por la contingencia.

Pues bien, es a esta contingencia a lo que la política debe también enfrentarse. Nos enfrentamos a esta contingencia cuando, como ciudadanos, miramos el mundo en el que estamos, y nos preguntamos cuáles son los progresos que queremos aportarle. Nada está escrito de antemano. No nos dejemos encerrar en la ilusión de que algunas cosas serían por definición progresos, simplemente porque son nuevas. Debemos mirar el progreso como algo que busca nuestra deliberación, y que requiere nuestro esfuerzo. Y quizá no lo esperaríamos… La política no es otra cosa que eso. Consiste en enfrentarse a la contingencia de la historia, para poder asumir siguiendo a nuestros predecesores, nuestra responsabilidad ante el porvenir.

¿Hay un progreso en la historia? En cierta manera, esta cuestión se nos plantea a todos. La respuesta depende de nosotros... Y quizá solo de nosotros, de nuestra vertiginosa, definitiva, aplastante y magnífica libertad. En cuanto a saber lo que es exactamente el contorno de esta libertad, eso es aún otra cuestión...

¿QUÉ ESPERAMOS PARA SER FELICES?

TODAS LAS COSAS BUENAS tienen un final. Más vale no esperar a que terminen para vivirlas de verdad. Entonces, ¿a qué esperamos para ser felices?

Este será el tema de nuestra última sesión. ¿Qué esperamos exactamente para decidirnos por fin a disfrutar plenamente de esta vida, para agarrar la oportunidad inmensa, el tesoro excepcional que constituye esta existencia? Y sin embargo, lo sabemos bien, todos esperamos algo: el fin de una prueba, la resolución de un problema, la obtención de algún bien que ocupa nuestro espíritu. ¿Hay que seguir esperando, o resignarse a tomar las cosas como son? ¿Qué razón tenemos para esperar? ¿Qué razón tendríamos para ignorar? ¿Qué esperamos para ser felices?

¿Qué pasa con ese objetivo de nuestra existencia que todos estamos aguardando? Todos tenemos el sentimiento de que tendría que suceder algo para ser al fin felices. La cuestión no es: ¿esperamos la felicidad?, sino más bien:

¿qué esperamos exactamente para poder ser felices? ¿Cuál es la naturaleza de esta espera? Todos podemos preguntarnos simplemente: cual es el objeto que esperamos y del que nos decimos hoy que bastaría obtenerlo para ser feliz. ¿Tenemos razón para creer que podría llegar al fin un momento que sería el de la felicidad dada, ofrecida, al final colmada? ¿Hay un momento en que podemos decirnos que hemos llegado a la felicidad que esperamos?

En esta fórmula no hay solo una pregunta sino también un requerimiento. Conocéis quizá lo que ha inspirado desde lejos el título de esta sesión, esa canción de Ray Ventura en 1937: «¿Qué es lo que se espera para ser feliz? ¿Qué lo que se espera para empezar la fiesta?». Es una canción cuyo contenido filosófico no es del todo cierto, que se difundió en un álbum titulado *¡Vivan las bananas!* [risas] pero que trae con ella este requerimiento serio, que no es solamente una cuestión: ¿qué se espera? ¿Es que no hay finalmente que ser feliz? ¿Es que no hay ahora que hacer la fiesta? En esta canción de Ray Ventura podemos encontrar, en el fondo, la señal de una forma de revuelta interior: ¡ya basta! ¡Hay que parar de esperar! Hay que dejar de pensar que eso es siempre para mañana, que siempre es para más tarde. ¿Qué más podéis esperar tener, que pudiera haceros más feliz? En realidad, la felicidad no está tal vez en el hecho de obtener lo que esperamos, o dicho de otro modo, la felicidad no está quizá en obtener una satisfacción cualquiera.

Ya nos hemos encontrado varias veces esta mecánica del deseo tan singular, tan sorprendente. Ya hemos hablado de esta ilusión que nos hace creer, con cada deseo que se presenta ante nosotros, que el momento en que será satisfecho se acompañará por fin de una felicidad absoluta

—mientras que, en realidad, todos lo hemos ya vivido: cuando un deseo se cumple, otro deseo se presenta, por supuesto—. Y en cierta manera, cuanto más se satisfacen nuestros deseos, más nuevos deseos nacen. Cuantas más satisfacciones, más ocasiones tenemos de vivir la experiencia de una frustración permanente, una especie de decepción perpetua; eso equivale a decir: si creemos que la felicidad es siempre para mañana, estamos condenados a esta decepción estructural. En realidad, la felicidad quizá no está en obtener lo que deseamos.

La cuestión del deseo nos remite a esa gran paradoja que se manifiesta tan a menudo en lo concreto de nuestras vidas. Se podría citar esta experiencia evocada por Easterlin. Este economista ha mostrado —es una paradoja de la satisfacción— qué pasa por ejemplo en nuestra relación con el dinero; porque, admitámoslo, cuando nos decimos: ¿qué esperamos para ser felices?, algunos al menos en esta sala se dicen: ¡que pueda ganarme un poco mejor la vida! Pues bien, Easterlin muestra algo sorprendente: de hecho, la satisfacción que tenemos en la existencia, el grado de felicidad que declaramos, depende en muy gran parte, pues somos seres sociales, de la manera en que nos comparamos con los que están alrededor nuestro. Y un individuo es estadísticamente más feliz (o tiene más posibilidades de serlo) cuando gana 2000 euros en una empresa en que todo el mundo gana 1000, que cuando gana 3000 euros en una empresa donde todo el mundo gana 10 000. En el fondo, miramos siempre a los demás con el deseo de obtener lo que ellos tienen, de modo, dice Easterlin que se suele producir este sorprendente fenómeno: cuanto más ganamos, más ricos nos volvemos, y más frecuentamos a gente que es más rica que nosotros, con una desigualdad de ingresos mucho más importante que si frecuentásemos a gente mal pagada. Y, en consecuencia, cuanto más aumenta nuestra remuneración, más ocasiones tenemos de sentirnos frustrados, porque tenemos el sentimiento de que toda la gente que nos rodea tienen más suerte que nosotros, son más felices que nosotros.

Entonces, mejor que esperar siempre más, querer siempre otra cosa, mirar siempre a los demás, ¿no podríamos simplemente considerar lo que somos, lo que tenemos hoy, lo que hemos recibido, y que tenemos la suerte de poder cultivar? ¿Y si después de todo la felicidad estuviese ahí?

Solo haría falta, como dice una expresión atribuida a san Agustín, no desear lo que no tenemos aún, sino volver a desear lo que ya tenemos.

Quizá toda la felicidad consiste en amar lo que hemos recibido como si no lo tuviésemos; y toda la infelicidad, en la única experiencia verdaderamente terrible de la existencia, resulta de conjugar la felicidad solo en el pasado, cuando no se supo disfrutar de su presencia.

Pero, en cierto modo, no nos damos cuenta de que todo va bien. Es en el día en que tengamos un accidente o una enfermedad que nos ocasione la pérdida de un órgano cuando nos digamos: ¡qué buena era la vida, y qué feliz era yo cuando tenía buena salud! Ya hemos mencionado esta definición de Leriche que dice:

La salud es la vida en el silencio de los órganos[11].

---

[11] René Leriche, cirujano francés, citado por Georges Canguilhem en *Le Normal et le Pathologique*, PUF, 2013.

La salud es la vida cuando mi cuerpo no me habla, cuando se deja olvidar. En consecuencia, mi salud es un bien infinitamente precioso, pero del que no sé su valor más que en el momento en que comienzo a perderla. Somos desgraciados por perder lo que no hemos sido felices por tener.

La felicidad perdida es incluso, en realidad, la única desgracia que existe. No lamentamos lo que nunca hemos tenido. No te levantas por la mañana diciéndote: ¡qué tragedia, no soy rey! No, en cambio, si hubieras sido rey y destronado, te levantarías cada mañana diciéndote: ¡qué espantoso, he perdido mi corona, ya no soy rey! Pues bien, dice Pascal, nuestras desgracias tiene todas algo que ver con el sentimiento de pérdida: «Son miserias de gran señor, miserias de un rey destronado».

Conocéis esta frase magnífica y terrible de Prévert, que dice:

He reconocido la felicidad por el ruido que ha hecho al marcharse.

Una frase como esa define precisamente la catástrofe de nuestras vidas. Quizá sería una catástrofe también en el sentido de que quien dice que la felicidad no se reconoce hasta quitarse la vida, no reconoce que quedan muchas cosas que merecen vivirse, ser contempladas, estimadas en su justo valor, bienes quizá pobres y frágiles, pero que pueden ser ocasión de una verdadera felicidad a condición de no desear siempre lo que ya no poseemos, sino de volver a desear lo que ya tenemos; que sigue siendo deseable. Más que de condiciones exteriores, la felicidad se alimenta en primer lugar de un compromiso interior.

Si nos tomamos en serio lo que acabamos de mostrar, podemos decir que la felicidad es también un asunto de elección, de voluntad. Como dice Alain en los *Propos sur le bonheur*[12]:

Hay más voluntad de la que se cree en la felicidad.

Alain estudia la situación de una persona que cambia de humor continuamente, y que sin cesar es capaz, ya sea de entusiasmarse por cualquier nadería, sea de quejarse incluso de los más grandes bienes. Sabemos que somos capaces de dirigir a lo que nos rodea una mirada ya decidida, en cierto modo, según la luz que queremos dar a lo que acaba de ocurrirnos: nos podemos quejar incluso del éxito obtenido, o inquietarnos por las victorias, o sospechar por los elogios que recibimos, lamentarnos por la confianza que se nos da. En el fondo todo es un asunto de voluntad. Se puede elegir mirar el mundo con asombro, con el deseo de ver lo que hay de más hermoso; o, por el contrario, en medio de la más extrema riqueza, encontrarse profundamente deprimido y quejarse del vacío de todo. Es cuestión de elegir.

Porque en el fondo, si lo miramos bien, la felicidad no se encuentra en lo que no tenemos aún, sino solo en la mirada que dirigimos a lo que está en nuestras manos. Tal vez hay que encontrarla no en lo que podría añadirse a lo que ya existe, sino en el hecho mismo de existir, en la alegría de que lo que existe sea. Que las cosas sean, que

---

[12] Pseudónimo del filósofo Émile Chartier (1868-1951). Colección de crónicas de 1925. Gallimard.

nosotros seamos, que vosotros seáis: ¿no es eso ya una razón para ser feliz?

En los *Propos d'un Normand,* una colección de las crónicas que dedicaba cada día a la actualidad, Alain se centra en un acontecimiento absolutamente trágico, el suicidio de un adolescente. Y se pregunta cómo, en la aurora de la vida, se puede perder el gusto de vivir. Y como contragolpe a esa provocación, Alain se dedica a mostrar que la felicidad se puede encontrar en el hecho mismo de la vida, porque la vida es buena en sí. No es buena porque se podría encontrar en ella cualquier otra cosa:

> La vida es buena por encima de todo; es buena por sí misma; el razonamiento no le añade nada. No se es feliz por viaje, éxito, placer. No, se es feliz porque se es feliz. La felicidad es el sabor mismo de la vida. Como la fresa tiene gusto a fresa, así la vida sabe a felicidad. El sol es bueno; la lluvia es buena; todo ruido es música. (...) No es que estemos condenados a vivir; vivimos ávidamente. Queremos ver, tocar, valorar; queremos desplegar el mundo. Todo viviente es como un paseante de la mañana.

Y Alain —una vez más, en el momento más doloroso, frente al misterio trágico del suicidio— escribe que lo que deberíamos redescubrir es esta felicidad del puro acto de existir, de la vida desnuda, del simple hecho de vivir. Y nosotros conocemos esa felicidad, hasta el punto de que ella sola nos hace seguir adelante, en cierta manera.

> Incluso las penas, la fatiga, las pruebas, todo eso tiene aún un sabor de felicidad, porque todo eso tiene aún un sabor de vida. Existir es bueno; no algo mejor que otra cosa;

porque existir es todo, y no existir no es nada. Si no fuese así, ningún viviente nacería, ningún viviente duraría.

Vivir, escribe Alain para concluir, no es una fatalidad que sufrimos. Es un bien en sí que tenemos.

«Vivir es querer vivir. Ver es querer ver. Toda vida es un canto de alegría». «Un color es un gozo para los ojos». Y si llegásemos a darnos cuenta de eso, entonces encontraríamos esta pura felicidad de existir, el hecho de que en la misma vida hay ya en sí una felicidad; eso hace que los seres humanos sean capaces de soportar a veces los peores sufrimientos, las peores dificultades para simplemente seguir viviendo.

Quizá conozcáis esta historia contada por La Fontaine, del encuentro sorprendente entre la Muerte y el Leñador:

Un pobre Leñador, agobiado bajo el peso del trabajo y de los años, cubierto de ramaje, encorvado y quejumbroso, camina a paso lento, en demanda de su ahumada choza. Pero, no pudiendo ya más, deja en tierra la carga, cansado y dolorido, y se pone a pensar en su mala suerte. ¿Qué goces ha tenido desde que vino al mundo? ¿Hay alguien más pobre y mísero que él en la redondez de la tierra? El pan le falta muchas veces, y el reposo siempre: la mujer, los hijos, los soldados, los impuestos, los acreedores, la carga vecinal, forman la exacta pintura del rigor de sus desdichas. Llama a la Muerte; viene sin tardar y le pregunta qué se le ofrece.

—Que me ayudes a poder volver a cargar mi trabajo y mis años, al fin y al cabo, no puedes ya tardar mucho.

La Muerte todo lo cura, pero bien estamos aquí. Antes padecer que morir, es la divisa del hombre.

En esta fábula, el poeta pone en escena el reflejo que tenemos de quejarnos de la vida hasta el punto de llamar a la muerte. Pero cuando la muerte llega: «Antes padecer que morir, es la divisa del hombre».

En el fondo, sabemos que vivir es bueno. Entonces la felicidad es quizá ante todo un asunto de voluntad. Solo hay que aceptar rencontrar el asombro que merecen nuestras vidas, el asombro que merece el simple hecho de existir, que tiene algo de increíble —y este asombro es tal vez el único servicio que puede prestarnos la filosofía—:

Lo propio del filósofo es asombrarse, dice Aristóteles.

En nuestras vidas que podrían dejarse arrastrar por la apariencia de la banalidad, por la repetición, por el aburrimiento, la filosofía nos muestra que en realidad nada es evidente, insignificante u ordinario —y que todo merece nuestro asombro, porque todo es curioso, singular y en cierto modo también, maravilloso—. Asombrarse es maravillarse, es redescubrir que el mundo no es plano, que tiene relieve, que la menor cosa puede devenir una ocasión de contemplación. Esta intuición que Alain recoge en los *Propos d'un Normand,* nos lleva a una filosofía de la Antigüedad: el epicureísmo.

Epicuro podría ser descrito como uno de los filósofos que han intentado probar que la felicidad perfecta existe. A veces tenemos una imagen deformada de Epicuro, porque sus contradictores han dado de él la idea de un filósofo encerrado en la dictadura del placer; pero en él hay en realidad otra cosa bien distinta. En la *Carta a Meneceo,* Epicuro nos dice que la felicidad puede encontrarse simplemente en nuestro rencuentro con la vida. Pero reconectar con la vida, con el presente, supone una curación que todos necesitamos: liberarnos de nuestros miedos.

Pasamos nuestro tiempo temiendo, preocupándonos, temblando. ¿Y de qué tenemos miedo? Pues bien, en primer lugar, de los dioses; miedo de todo lo que podría hacer irrupción en nuestra vida y que no dominamos. Y luego, tenemos miedo, por supuesto, absolutamente, de la muerte. Tenemos miedo de la muerte porque sabemos que somos mortales. Que la muerte llegará un día a nuestra vida. Este solo pensamiento puede bastar para decolorar la vida, para hacerle perder su sentido. Y, sin embargo, dice Epicuro, si lo miráis bien, es inútil preocuparse por el mañana. Si los dioses existen, dice la *Carta a Meneceo,* son dioses, ¿por qué entonces tener miedo? Pues si son dioses son perfectos. Poseen absolutamente todo lo que necesitan. ¿Por qué tendrían que preocuparse de nosotros? Ciertamente hay dioses, pero los dioses no tienen nada que ver con nosotros, puesto que, siendo dioses, no les puede faltar nada. ¿Qué vendrían a querer quitarnos? No pueden más que estar satisfechos de su propia existencia. En consecuencia, no tenemos que temerles; ¿por qué harían irrupción en nuestras vidas? En cuanto a la muerte, tampoco, contra toda apariencia nunca hará irrupción en nuestras vidas. Nunca encontraréis la muerte. Quiero decir con eso: vuestra muerte, nunca la encontraréis. Pues por definición, mientras estéis vivos ella no está ahí. Y cuando venga, ya estaréis muertos, y seréis vosotros quienes no estaréis. Nos es imposible encontrarla. Epicuro deduce de esto que «la muerte no es nada para nosotros». Nunca la veréis, no la tocaréis ni con un dedo, nunca tendréis esa experiencia. ¿Por qué tener miedo de algo que no encontraréis jamás? Un día vendrá la muerte, y vosotros ya habréis partido. Pero por el momento, vosotros estáis aquí y en consecuencia ella no está.

Y por tanto desde hoy, más que perderos en esas inquietudes por el porvenir, tenéis que preocuparos de lo que puede agarrarse en el día presente, de lo que hoy debe ser «recolectado», como dice Epicuro con una palabra inspirada en el poeta Horacio.

Carpe diem, quam minimum credula postero. Aprovecha el día, y cree lo menos posible en el de mañana.

Como dice ese verso de Horacio, hay que mostrarse, en cierto modo, incrédulo con el porvenir. Pues el porvenir no nos incumbe. La felicidad es cosa de esta disciplina del presente. Y esta disciplina es una búsqueda de la vida buena. Entonces sí, para Epicuro, la felicidad consiste en vivir en lo posible la experiencia del placer, y lo menos posible la del dolor. No es por eso un hedonista desenfrenado que nos empuje hacia todos los placeres posibles.

En Epicuro hay una forma de prudencia del placer, porque los mayores placeres se encuentran en bienes infinitamente simples. ¿Cuál es el mayor placer, sino ese, cuando se tiene mucha sed, de beber un gran vaso de agua? Se tiene más placer en eso que en beber un gran vino cuando se está ya harto. Hay algo muy simple en la sabiduría epicúrea: el mandamiento de esta simplicidad que nos impulsa a encontrar en la vida ordinaria lo que merece ser estimado verdaderamente, lo que merece ser plenamente vivido. A la inversa, hay placeres sofisticados y complejos, exagerados, que pueden llevarnos al sufrimiento. Abusar de ellos nos enferma. Hay en Epicuro una economía de la felicidad, es decir, una economía de esta simplicidad de los placeres ordinarios, que permite librarse al máximo de los dolores de la existencia, para disfrutar de cada instante de la vida. Eso, en cierta manera, no es otra cosa que la felicidad, la del simple existir.

Hay otra razón para cultivar los placeres simples: es que si tienes el gusto de beber agua cuando tienes sed, tienes más oportunidades de disfrutar de ese placer fácilmente que si lo que te gusta es beber un gran vino muy caro. Quien busca placeres en una sofisticación lejana, se hace dependiente de los demás, de su posición en la sociedad, de sus ingresos, de su fortuna. Pero, aunque pierdas el empleo, o te encuentres en la ruina, siempre podrás tener el gusto de beber un gran vaso de agua fresca. Y eres por tanto libre de disfrutar de ese puro placer de la existencia que no busca más que la simplicidad de la experiencia de sentirte vivir.

Aquí se juntan dos finalidades esenciales para los griegos. La primera es la autarquía, es decir, la libertad que nace de la independencia. La autarquía es la situación de una ciudad que se ha organizado para bastarse a sí misma, y así poder decidir su destino sin necesidad de someterse a una potencia exterior. Epicuro propone adoptar la misma distancia, el mismo esfuerzo de independencia, en la búsqueda de nuestra felicidad: el hombre sabio no hará depender su felicidad de lo que no pueda obtener por sí mismo. Epicuro es uno de los primeros filósofos —y sin duda esa es una de las razones por las que ha sido el más criticado— en incitar a sus discípulos a renunciar al ideal de vida lograda que compartían la Grecia y Roma antiguas, y sobre todo al ideal del compromiso político. Para el hombre libre, en la ciudad antigua, no hay vida cumplida que no pase por la exigencia de una acción pública, camino hacia la gloria y la inmortalidad que ofrece en la memoria común. Pero para Epicuro, elegir la política es jugarse la vida en la ruleta rusa, es hacer depender la felicidad de la opinión de los demás, de la reputación que os otorguen, y en gran parte eso no depende de ti. La política es el lugar del azar, de la contingencia, del fracaso de la historia con todo lo que tiene de accidental. Si quieres ser feliz, dice Epicuro, solo tienes que cultivar tu jardín; y eso nadie te lo podrá impedir. Basta que te quedes en casa. La escuela fundada por Epicuro se llamaba justamente «el jardín». Cultivar tu jardín es estar en un lugar donde nadie te podrá impedir disfrutar de esta alegría sencilla que es la de existir, y de ver al mundo existir. La autarquía está así ligada a esta segunda finalidad esencial que es la ataraxia.

La ataraxia es la ausencia de turbación. Y después de todo, no hace falta más para definir la felicidad. Epicuro tampoco es en esto un hedonista loco: para él lo más importante no es tanto maximizar los placeres cuanto minimizar el sufrimiento. Lo más penoso para nosotros es la experiencia del sufrimiento, físico o moral, la experiencia de la turbación que soportamos. Tenemos que librarnos de eso. Eso es lo que los griegos llaman ataraxia: llegar a la ausencia de turbación, a la paz interior, a la paz del alma. A eso podemos apuntar. Y Epicuro nos remite a esta cuestión: si vivimos de verdad en autarquía, si somos en verdad independientes, si hemos conseguido esta libertad, ¿por qué esperar antes de ser felices? ¡Es ahora cuando hay que mostrarse sabio! ¿Qué puede impedirnos cultivar nuestro jardín, nuestra vida interior, filosofar? Retirémonos al jardín, dice Epicuro a sus discípulos, y filosofemos, es decir, elijamos la felicidad.

Escribiendo a uno de sus alumnos, Epicuro abre su *Carta a Meneceo* por sus primeras líneas:

> Cuando se es joven no hay que dejar para más tarde el momento de filosofar, y cuando se es viejo no hay que cansarse de filosofar. Porque nunca es demasiado pronto o demasiado tarde para trabajar en la salud del alma. Pues el que dice que la hora de filosofar no ha llegado todavía o que ha pasado para él, se parece a un hombre que diga que la hora de ser feliz no ha llegado aún para él o que ya ha pasado. El más joven y el más viejo deben filosofar juntos, este para rejuvenecer al contacto con el bien, acordándose de lo mejor de la existencia; aquel a fin de estar, aunque joven, tranquilo como un anciano frente al porvenir.

«El más joven y el más viejo deben filosofar juntos». Si la felicidad se encuentra en este asombro que la filosofía nos hace vivir, cuando encontramos la pura felicidad de la existencia, entonces es ahora cuando hay que filosofar. No hay ningún momento en que podríamos decir: ¡es demasiado pronto, soy muy joven, no, eso vendrá más tarde! El que dice que es demasiado pronto o que ya es tarde para filosofar dice que es pronto o ya tarde para ser feliz. El momento para ser feliz es ahora. De ahí la invitación de Horacio:

¡Carpe diem!

Esta invitación que se ha escrito en tantos relojes solares significa que el tiempo pasa, y que hay que agarrar el presente. ¿Qué se espera para ser feliz? Si hemos perdido el tiempo quejándonos, es ahora cuando hay que comprometerse en el esfuerzo que constituye la felicidad que nos espera.

Se encuentra ese mismo vínculo entre generaciones en la obra de Séneca, sobre la que querría detenerme un momento. Séneca no es un epicúreo, es un estoico; y los estoicos se oponen con frecuencia a los epicúreos. Pero, de hecho, Séneca intenta mostrar que hay verdad en todo; y por lo demás, en las *Cartas a Lucilio,* alude a Epicuro y responde por anticipado a quienes le puedan reprochar que cite a tal autor, que la verdad no pertenece a nadie. En esas cartas, Séneca, que ya está bastante avanzado en su experiencia tanto política como filosófica, escribe a uno de sus discípulos mucho más joven que él, que se llama Lucilio. Sus numerosas cartas componen una obra magnífica de fácil acceso; constituyen una suma de consejos animados por un verdadero impulso del corazón. Con sus escritos, Séneca intenta despertar en su discípulo el deseo de dedicar su vida a la búsqueda auténtica y exigente de la felicidad. Hay algo conmovedor en esta relación, en esta atención de un maestro por su alumno, o de los padres por su hijo. Lucilio no cesa de ser exhortado sobre el hecho de que es necesario consagrar cada instante —¡ahora!— a este esfuerzo sobre sí mismo para poder ser feliz.

El estoicismo comparte con el epicureísmo al menos una certeza fundamental, aunque no se declina del todo de la misma manera: tanto para el estoico como para el epicúreo, la felicidad depende de nosotros. No debemos esperar que una condición exterior venga a hacer nuestra felicidad, ya sea que, como Epicuro, se mire la vida como buena en sí misma y que nos obliguemos a disfrutar de los placeres simples que ella presenta, ya sea que, como Epícteto, o también Marco Aurelio y toda la tradición estoica, nos obliguemos a considerar que «lo que no depende de nosotros no puede ser para nosotros ni un bien ni un mal»[13].

El bien es lo que hay que perseguir, y el mal, lo que hay que evitar. Pero entonces, si algo no puede ser evitado, eso no puede ser un mal. Y si algo no puede ser perseguido, si solo cabe esperarlo, eso no puede ser un bien. Este esfuerzo intelectual, este esfuerzo interior para distinguir lo que depende o no de nosotros, es la condición de la felicidad. En el fondo, pasamos el tiempo quejándonos como locos. Nos lamentamos de que las cosas que deben llegar van a llegar, que cosas que han llegado han tenido lugar. Y así, para el estoico, nos hacemos sufrir siempre a nosotros mismos. Estás enfermo; es un hecho. Pero si además te quejas por estar enfermo, estás loco. Porque el hecho del que te lamentes no va a cambiar nada al hecho de que estás enfermo. Deja pues de quejarte. Di simplemente: mi cuerpo tiene un mal, pero para mí todo va bien. Como la enfermedad es un hecho, no puede ser ni un bien ni un mal, es simplemente algo que sucede y eso es todo. ¿Para qué puede servir decir que la muerte es terrible y trágica? Lo inevitable es la muerte, no el tener

---

[13] Epícteto, *Manual.*

miedo de ella. Te puedes quejar toda tu vida, eso no cambiará nada al hecho de que vas a morir un día, entonces al menos deja de quejarte. Basta admitir este principio simple: si no podemos evitar la muerte, la muerte no es un mal para nosotros. Si no podemos ser inmortal, renunciemos a mirar la inmortalidad como un bien. El único verdadero bien está en el trabajo interior que podemos hacer para ajustar nuestras representaciones a la realidad del mundo. Entonces, en cierta manera, piensa un estoico que todo nos será favorable; nada llegará que pueda dañarnos y seremos invulnerables. En todo caso, eso supone por supuesto un esfuerzo inmenso.

Y Séneca, a lo largo de sus *Cartas a Lucilio,* no deja de recordar a su alumno la necesidad de trabajar en eso ahora. Es ahora cuando hay que esforzarse en transformarse uno mismo; es ahora cuando hay que trabajar para convertir sus representaciones, para adquirir el dominio de sí mismo. El logro en esta empresa, es decir, la felicidad, se relaciona con la disciplina del tiempo. En la Carta I, Séneca escribe:

> Si lo miras bien, la mayor parte de nuestra vida ordinariamente se pasa en hacer el mal, otra parte en no hacer nada, y el todo en consecuencia en hacer algo distinto de lo que se debería.
>
> Persiste pues, amigo, en hacer lo que me dices: recupera el dominio de ti mismo, adueñate completamente de todas tus horas. Dependerás menos del mañana, si te aseguras bien de hoy.

¿Por qué esperamos para ser felices? Porque no tenemos este dominio de nuestras propias representaciones, que hace el dominio de sí. Esperamos para ser felices porque estamos pendientes de lo que podría sucedernos como un bien o un mal; y en consecuencia, confiamos nuestra vida a lo que no depende de nosotros. Si decís: la enfermedad sería para mí una catástrofe, confiáis vuestra vida al azar de la existencia. Si dices: la riqueza sería para mí la felicidad absoluta, entonces, como la riqueza no depende solo de ti, sino también de las contingencias de la vida, estás dando a esas contingencias un poder absoluto sobre tu persona. Ya no eres dueño de ti mismo, no te perteneces. ¿Qué hace que tengamos siempre miedo del mañana, que tengamos tantos deseos para mañana? ¿Por qué nos dirigimos sin cesar hacia el porvenir en lugar de pensar en el presente? Volveremos a las palabras de Séneca:

> ¿Quieres saber lo que hace a los hombres ávidos del porvenir? Es que ninguno de ellos se pertenece.

Ser dueño de sí mismo. Recuperar esta autarquía que nos hace independientes de las contingencias del mundo. Ser una vez más filósofo, eso es lo que nos da ahora el sentido del valor del tiempo. Vuelve a ser amo de cada hora: «Aduéñate completamente de todas tus horas». Casi se podría hacer una divisa para hoy, en un mundo marcado por la dispersión de nuestra atención, por una dificultad inédita para sentir plenamente la presencia de un presente que constituye sin embargo el único bien de que disponemos. De hecho, el gran drama sería no captar en nuestras vidas el valor de ese *ahora*, el valor de este *hoy*, el único momento disponible para trabajar en ser feliz.

Eso tiene implicaciones concretas: la Carta CXXII nos da un ejemplo bastante divertido. Sin duda porque su alumno es más joven que él y se inquieta por las malas costumbres que podrían tentarle, Séneca le habla a Lucilio de la catástrofe que supone levantarse tarde por la mañana.

«¡Ay de quien dormita perezosamente cuando el sol está ya alto, y su despertar comienza a mediodía! Y aun para muchos, no es incluso ya día a esa hora. Algunos hacen del día la noche, y recíprocamente: cargados por la orgía de la víspera, sus ojos no comienzan a abrirse más que cuando la oscuridad desciende sobre la tierra. Como esos pueblos colocados, se dice, por la naturaleza en un punto del globo diametralmente opuesto al nuestro, los hombres que cito contrastan con todos, no geográficamente, sino por el género de vida: antípodas de Roma en la misma Roma, no han "visto nunca el sol salir ni ponerse", según dice Catón. ¿Piensas que saben cómo se debe vivir, esos que ignoran cuándo hay que vivir?».

Esta última frase indica la amplitud del asunto. A través de este ejemplo tan sencillo, y que tiene algo de divertido, la cuestión que se plantea es la del tiempo oportuno —de esta disciplina del tiempo—. ¿Cuándo hay que vivir? ¡Es ahora! En el fondo, la cuestión del cómo es incluso menos importante. Y todo lo que hubiésemos aprendido de la filosofía no serviría absolutamente de nada si no supiésemos que es ahora cuando hay que ponerlo en práctica. Y ese *cuando* designa el *ahora* en el que estamos. Hay, dice Séneca en definitiva, un tiempo para todo fijado por la naturaleza: hay noche para dormir y descansar, pero hay día para vivir, para actuar, para pensar, para mejorar, para filosofar. Podemos, como dice un poco más adelante, «conquistar horas para nuestros días sobre nuestras noches», y ganar así más tiempo útil y fecundo.

Pero incluso sin hacer este esfuerzo, hay a pesar de todo en la naturaleza del mundo, a través de la simple luz del día por ejemplo, algo que nos indica que es tiempo de vivir y actuar. Esta luz que se derrama sobre el mundo es cada día una llamada al despertar y a la vida. Séneca ironiza sobre esos hombres que, viviendo más la noche que el día, están dispuestos a gastar mucho dinero para pagar las bujías mientras que el sol es gratuito. Hay algo de absurdo en el hecho de no vivir en el buen momento, de no saber atrapar el instante. Incluso la pasión de la fiesta es un abandono de la vida si consiste en desertar el presente de cada jornada. Y ya veis que, desde este punto de vista, el epicúreo y el estoico están unidos.

> Que pasen su vida en su nocturna existencia; y que la pasen en el vino, que consuman su velada en festines cortados con numerosos servicios: están ahí, no en banquetes, sino en sus comidas de entierro. Y todavía es de día cuando se suele tributar a los muertos un tal homenaje. Las jornadas, ¡grandes dioses! ¿son nunca demasiado largas para un hombre ocupado? Sepamos agrandar nuestra vida. Acudamos a nuestras noches para alargar nuestros días. El oficio, la manifestación de la vida, está en la acción. Al ave que se cría para nuestras mesas, que se quiere engordar con facilidad, se la mantiene en la oscuridad. Así esos seres que se dedican a la noche tienen el color más equívoco que la palidez de un enfermo: minados de languidez, extenuados y pálidos. Sin embargo, ¿lo diré?, ese es el menor de sus males: ¡cuánto más espesas son aún las tinieblas de sus almas! ¿Hubo jamás ojos para usarlos solo de noche?
> ¿No violan las mismas leyes los que piden la rosa en invierno, quienes, por medio de aguas cálidas y tempera-

turas artificiales, arrancan al invierno los lirios, esta flor de la primavera? (…).

Desde que se ha tomado el partido de quererlo todo al contrario del ritmo de la vida, se termina por un completo divorcio con ella. ¿Comienza el día?, es la hora de dormir. ¿Todo duerme?, tomamos nuestras actividades: mi litera, mi cena ahora. ¿La aurora se acerca?, es tiempo de cenar. No vamos a hacer como el pueblo: dejemos el día al vulgo; creemos un mañana para nosotros, para nosotros solos.

En verdad, para mí que ya no están tales hombres. Así vivía, nos acordamos, una multitud de hombres de aquel tiempo, entre otros Atilius Buta, anterior pretor. Después de haberse comido un patrimonio enorme, explicaba su aflicción a Tiberio que le respondió: «Tú te has despertado demasiado tarde».

Y sigue, en el curso de la carta, una suerte de larga ironía contra este desgraciado Buta, del que Séneca se burla violentamente: «Tú te has despertado demasiado tarde». Aquí se expresa de otra manera lo que ya hemos descrito como la única catástrofe posible de la existencia —deber decirse eso un día—. Y a lo que nos exhorta Séneca es ante todo a esta reconciliación con el presente, con el momento presente, cualquiera que sea, porque no hay un momento malo para dedicarse a trabajar sobre uno mismo.

Es lo que nos muestra una última carta, muy emotiva también, la Carta XII, sobre la vejez. Séneca es anciano, y tiene perfecta consciencia de ello. Comienza así:

De cualquier lado que me vuelva, todo lo que veo me demuestra que soy viejo. Había ido a mi campo, cerca de la ciudad, y me quejaba de los gastos que suponía el deterioro de mi casa. El granjero me dijo que no hubo negligencia de su parte, que él hacía todo lo que podía, pero que la construcción era vieja.

—¡Este edificio lo hice con mis manos! ¿qué voy a devenir yo, si muros de mi edad caen ya convertidos en polvo? (…).

Debo a mi campo haber visto aparecer mi vejez por todos lados.

Y Séneca cuenta luego que eso le produce una forma de amargura: se irrita contra el granjero que le recuerda, sin quererlo, que él se ha hecho verdaderamente viejo, constatando que es el tiempo lo que hace ahora hundirse la casa que él había construido. Y por todo su entorno, Séneca encuentra exactamente los mismos signos. Se encuentra con un hombre de edad avanzada que comienza a perder los dientes, y que le dice: «¿No os acordáis?, ¡me habéis conocido cuando yo era muy chico!». Y Séneca se altera: ¡eso es insoportable, veamos! ¿Cómo que le he conocido cuando era chico? ¡Es muy viejo, este hombre! «—¿No me reconocéis?, dice el otro. Soy Felicio, a quien traíais juguetes. Soy el hijo de Philosithus, vuestro granjero; yo era vuestro preferido». Y de un solo golpe, se da cuenta de que está envejeciendo. Al principio, lo ve con una forma de amargura; luego poco a poco, esforzándose, esta experiencia renueva en él la gratitud que hay que tener por la vida, en cada uno de sus momentos.

[Veo] por todos lados aparecer mi vejez. Démosle la bienvenida y amémosla: está llena de dulzuras para quien sabe vivirla. Las frutas tienen más sabor cuando están ya bien maduras; la infancia no tiene todo su brillo hasta el momento en que se acaba; para los que beben, la última copa es la buena, es el golpe que les ahoga, que hace perfecta la embriaguez. Lo que tiene de más picante toda voluptuosidad, lo guarda para el instante final. ¡Qué dulce es haber dejado las pasiones, haberlas abandonado en el camino!

Y Séneca muestra hasta qué punto la vejez puede ser también un tiempo para ser feliz, un tiempo en que no hay nada que esperar del tumulto de las impaciencias de la juventud: «¡Qué dulce es haber dejado las pasiones!» Las pasiones son justamente las que nos hacen esperar siempre otra cosa —la pasión del poder, del dinero, la pasión amorosa—; todo eso, siempre, nos hace «ávido del porvenir», como dice Séneca en la Carta XII. Y ahora que hemos llegado al umbral de la vejez, qué dulce es no esperar nada del porvenir. En cierto modo, habría que encontrar ese gusto de la vida cada día, como si cada día fuese el último. Y ejercitarse en eso desde la juventud, por supuesto, pues como dice Séneca, «la muerte no nos lleva según el rango de edad». Habrá que medir desde la juventud el verdadero valor del tiempo, del presente; pero sin duda el que envejece mide más aún lo que vale cada día que viene.

Y Séneca concluye esta carta sobre la vejez evocando la figura singular de un viejo llamado Pacuvius, un hombre de gran nobleza y sobre todo de gran fortuna, que organizaba sus propios funerales y los ponía en escena a través de inmensos banquetes. Pero él seguía vivo, y se hacía llevar en un lecho en medio de su entierro. Y todo el mundo cantaba:

«¡Él ha vivido, ha vivido bien!». Se enterraba, este hombre, todos los días. Lo que hacía por depravación, hagámoslo con buen espíritu; y, al entregarnos al sueño todas las noches, digamos satisfechos y gozosos: He vivido, hasta el final he seguido el camino que me ofrecía el destino.

Si Dios nos concede un mañana, estaremos contentos de recibirlo. Se goza plenamente y con seguridad cuando se espera el mañana sin inquietud. Quien dice al atardecer: «He vivido», puede decir por la mañana: «Todavía gano una jornada».

Veis aquí una convergencia sorprendente entre momentos muy diferentes de la historia de la filosofía, para recordarnos que la felicidad exige ante todo que recuperemos el presente, que cesemos de dejar lo esencial para más tarde, que nos decidamos a vivir hoy. Por supuesto que tenemos proyectos, hacemos planes, nos proyectamos en el porvenir. Séneca, contrariamente a Epicuro, ha sido un hombre público, y ha conocido el peso de los asuntos públicos, no se ha retirado a su jardín para recolectar el instante. Pero hay incluso en nuestros proyectos, en nuestros planes para el porvenir, un deber de pertenecernos a nosotros mismos, de no hacer depender nuestras vidas de mañana. ¿Qué podríamos esperar para ser felices? Quizá la felicidad consiste en dejar de esperar y cultivar *ahora* la felicidad, en lugar de imaginarla para más tarde. Así, una vez más, escaparemos a la contingencia, a todo lo que nos ata a los azares de la existencia.

Nada más miserable que esa duda: ¿qué pasará con los acontecimientos que se acercan? ¿Cuánto me queda de vida, y qué clase de vida? Eso es lo que agita de terrores sin fin el alma que no se recoge nunca. ¿Qué medio tenemos para escapar a esos tormentos? Uno solo: no lanzar nuestra existencia hacia adelante, sino recuperarla sobre ella misma. Si el porvenir trae en suspenso todo mi ser, es que no hago nada en el presente. (...).

Apresúrate a vivir, querido Lucilio, y cuenta que cada día es como una vida entera.

«Cada día es como una vida»: la bella fórmula de Séneca, en el fondo, encuentra su profundo significado en esta reconciliación con el día presente. No se trata de no hacer plan, de no pensar en el porvenir, de no trabajar para el mañana, para los demás, sino de no depender solo del porvenir. Si todo en nuestras vidas depende del porvenir, es que no hacemos nada en el presente. Pero la ruptura con esta suspensión que experimentamos todos ante el porvenir, esa ruptura se hace esperar. Hay algo en ella que está pendiente del futuro. Séneca sigue escribiendo:

¿Cuándo verás el tiempo feliz en que sentirás que el tiempo ya no te importa, tranquilo y sin problema?

Curiosamente, hay que apresurarse a vivir; porque vivir es algo que aún no hemos terminado, que todavía está para nosotros absolutamente presente. Hay que hacer aún esfuerzo sobre nosotros mismos. Y este esfuerzo se llama la filosofía —y para Séneca, por supuesto, la filosofía estoica—.

Podemos decir que esperamos ese tiempo en que el tiempo ya no será para nosotros un asunto de inquietud permanente, en que podremos vivir del todo de ese presente que da a la espera del porvenir, al recuerdo del pasado, su pleno significado. Pero tenemos que trabajar para llegar a eso, y ese trabajo lleva tiempo. Quien nos aclara este punto es un filósofo con el que nos hemos encontrado ya, y que conoceréis bien: Aristóteles nos dice que el bien es lo que concurre a nuestra felicidad. ¿Qué es ser feliz?, pregunta Aristóteles. Ser feliz es estar realizado, es tener realizadas sus facultades: ser feliz es estar acabado en el propio ser. Hay en nosotros muchas cosas que están solo en estado potencial, en estado de lo que Aristóteles llama «potencia»; talentos que podríamos desarrollar, saberes que podríamos cultivar, obras que podríamos realizar. La felicidad llegará el día en que hayamos realizado lo que ahora solo es potencial; el día en que habremos acabado plenamente de ser lo que somos, en que en cierta manera no seamos más que uno solo con nosotros mismos. Pues bien, para ser verdaderamente uno mismo, hay que recorrer aún un largo camino, dice Aristóteles. Ese es el objetivo central de la vida ética. Porque lo que llamamos la virtud, lo que llamamos el bien, es lo que nos hace ser verdaderamente nosotros mismos, lo que hace devenir a todo hombre más humano, y a cada persona más realizada en su libertad singular. Y eso supone tiempo.

Tomemos el ejemplo de un estudiante de medicina: quizá es un excelente médico «en potencia», puede ser incluso que tenga un talento absoluto para la medicina. Pero cuando es todavía estudiante, al comienzo de su aprendizaje, no es aún plenamente, «en acto», el médico que puede llegar a ser. Será preciso que trabaje y lo haga durante mucho tiempo. La gran paradoja de nuestras vidas es que, para devenir lo que somos, necesitamos tiempo. No hay hombre que se haya hecho a sí mismo,

136

él solo, enseguida, a partir de nada. Lo que llevará al joven estudiante a convertirse en un excelente médico es lo que llamamos la virtud. La virtud de un estudiante consiste en estudiar bien, en trabajar bien, ser serio; y eso es lo que hace que los talentos de que es capaz se desarrollen plenamente. La virtud de un médico es su rigor, su seriedad, su compromiso, es su conocimiento, su experiencia. Todo eso hace de un médico un buen médico. Un mal médico es el que no tiene esas virtudes, el que carece de lo esencial y no cumple su función: no os cura e incluso puede mataros. El buen médico os salva. Pero para serlo no bastan los conocimientos y el talento, se necesita también tiempo.

Aristóteles es sin duda el filósofo que mejor ha tenido en cuenta esta necesidad del tiempo. Eso no es de por sí evidente, porque el problema de la filosofía es que nuestra inteligencia abstracta querría reducir todos los problemas a la inmediatez de un cálculo. Si tengo a+b+c, tengo la suma de todo eso y el problema está resuelto. Pero la vida humana es bien diferente. Implica ese factor irreductible que es el tiempo. Podéis tener todos los talentos, pero hace falta que maduren. Podéis haberlo aprendido todo, pero hace falta que la experiencia venga poco a poco a permitiros encontrar lo real en su complejidad, para percibirlo de un modo verdaderamente justo. Y la experiencia no tiene atajos, eso lleva tiempo. La virtud, dice Aristóteles, es un asunto de experiencia, es cuestión de hábito. Cuando se trata de virtud, no es suficiente saber; falta aún el ejercicio, la práctica. ¿Qué se espera para ser feliz? Hay que tener la paciencia de trabajar en eso; como para todo lo que es bueno, la felicidad no tiene nada de inmediato.

Entre dos médicos, uno recién licenciado, que está al día, pero no ha puesto en su vida ni una inyección, y otro con veinte años de práctica, que no ha leído tantos libros y que aprende de la experiencia, ¿a cuál vais a ver? Aristóteles respondería: es muy sencillo, voy a ver al que ha ejercido más tiempo. La teoría es muy útil, por supuesto, pero nada remplaza el tiempo que pasa y la experiencia que ese tiempo deja en nosotros poco a poco. Pero para nosotros en tanto que seres humanos, ¿cuál es el objetivo de nuestra existencia? Es ese bien último que se llama la felicidad. Y todo lo que se llama virtud —desde el punto de vista de la filosofía moral, es decir, las virtudes que tenemos en común como seres humanos— es lo que viene de cultivar en nosotros nuestra capacidad de realizar lo que somos, y así ser felices. Si la felicidad implica esas virtudes, hay que admitir que toma tiempo, que supone esfuerzo; y que ese esfuerzo no se hace en un solo día. Hay en Aristóteles algo que templa quizá lo que puede haber un poco inquietante en las promesas que hemos encontrado hasta ahora, que nos hacían creer que, si no os sentís felices completamente enseguida, ahora, es por culpa vuestra. Para un estoico, si no sois completamente feliz ahora, si sufrís, es por culpa vuestra, porque habéis confundido las cosas que dependen de vosotros y las que no dependen. Si ves a alguien que llora en un entierro, dice Epícteto, uno de los grandes pensadores del estoicismo, considera que es porque aún no ha conquistado la sabiduría; si fuese sabio, sabría que la muerte no es un mal, puesto que es un hecho inevitable: llega simplemente. No hay ninguna razón para llorar. En consecuencia, si eres desgraciado, es por tu culpa. «Cuando ves a alguien que llora, sea porque está de duelo, sea porque su hijo está lejos, sea porque ha perdido lo que poseía, ponte en guardia para no dejarte llevar por la idea de que los accidentes de fuera que le llegan son males. Recuerda enseguida que lo que aflige no es el accidente, que no entristece a nadie más que a él, sino el juicio que él tiene sobre este accidente»[14].

Epicuro no cesa de recordarnos que debemos reconciliarnos con el presente, y que, si no lo logramos, no es a causa de las cosas exteriores, de las que no deberíamos esperar nada, sino solo a causa de nuestra ausencia de sabiduría, que nos impide ser felices en todas las circunstancias.

Toda vida es un canto de alegría, nos decía Alain.

Ese bello acto de esperanza no debe hacernos olvidar que mucho, en cada una de nuestras vidas, está aún a la espera de lo que debe venir, de lo que debe realizarse. Lo cierto, por el contrario, y que podemos retener, es que la mayor parte de lo que esperamos no depende de circunstancias exteriores a nosotros. Lo que tenemos que cultivar es este esfuerzo que supone tiempo, para caminar poco a poco y realizar lo que somos; y eso necesariamente supone que la vida haga su obra en nosotros. De tal suerte, dice Aristóteles, que es al final de la vida cuando se tienen más oportunidades de ser feliz, porque es cuando se puede ver maduro en nosotros lo que merecía perfeccionarse. La felicidad lleva tiempo, y hay que aceptar eso. Debemos a Aristóteles, en el curso de su reflexión, esta expresión que se ha hecho proverbial:

---

[14] Epícteto, *Manual.*

Una golondrina no hace verano, como tampoco un solo día de sol; de la misma manera no es un solo día ni un corto periodo de tiempo lo que puede hacer feliz a un hombre.

Distinguimos con frecuencia la felicidad de la alegría, o del placer, en el sentido de que la felicidad es un estado que dura. Y tenemos razón en eso, pues el placer es cosa de un momento. Pero si tenemos razón al hacer esta distinción, es porque la felicidad no es solo un estado, sino también un camino que dura, un esfuerzo que lleva tiempo, un bien último que tenemos que conquistar poco a poco.

Lo que podemos retener de lo visto esta tarde es que hay en el hoy un tesoro inestimable; no que el hoy sea forzosamente la ocasión de vivir una felicidad perfecta, absoluta, acabada; no que podamos en el presente encontrar enseguida la ocasión de una reconciliación con el mundo que nos satisfaga. Lo vemos con Aristóteles: hay sin duda mucho que trabajar, que cambiar, y que esforzarnos nosotros mismos. Y este esfuerzo llevará su tiempo. Pero es *ahora* cuando hay que comenzarlo, es ahora cuando hay que vivirlo. Y desde este punto de vista, quizá no haya otro momento posible para esta reflexión que nuestra civilización ha llamado la filosofía, pero que no es más que el esfuerzo por transformar nuestra mirada sobre el mundo que nos rodea, sobre los que están a nuestro alrededor y finalmente sobre nosotros mismos. Hacer este camino lleva tiempo, y siempre debemos comenzarlo *ahora*.

Y así podríamos concluir con ese magnífico texto de Epícteto que cierra el *Manual*, un libro muy corto que es como un resumen de la filosofía estoica. En esas últimas líneas, Epícteto concluye lo que podemos retener para bien vivir. No basta conocerlo todo, comprenderlo todo, aunque podamos alcanzar eso un día; aún haría falta que hiciésemos de lo que hemos aprendido la ocasión de una conversión, al término de la cual se encuentra, en realidad, la felicidad.

> ¿Hasta cuándo te juzgarás indigno de las más grandes cosas, y te permitirás herir la recta razón? Has recibido los mandamientos a los que debías dar tu asentimiento, y lo has dado; ¿qué maestro esperas pues aún para reanudar tu progreso hasta su llegada? Si te descuidas, si te distraes, si haces resolución tras resolución, si cada día marcas un nuevo día en que te distraerás de ti mismo, sucederá que perseverarás en tu ignorancia, durante tu vida y después de tu muerte. Comienza pues desde ahora a juzgarte digno de vivir como un hombre, y como un hombre que ha hecho ya algún progreso en el estudio de la sabiduría.

Mirad la excelencia magnífica de este texto. «Comienza pues desde ahora». Y en cierto modo, ese texto nos provoca porque se nos dirige a todos: «Comienza pues desde ahora a juzgarte digno de vivir como un hombre, y como un hombre que ha hecho ya algún progreso en el estudio de la sabiduría».

> Si se te presenta algo agradable o penoso, glorioso o vergonzoso, bueno o malo, acuérdate de que el día de la lucha ha llegado, que los juegos Olímpicos se han abierto, y que de una sola hora de valor o cobardía depende tu salvación o tu pérdida, que todo lo que te parezca bello y bueno sea para ti una ley inviolable.

Es así como Sócrates ha llegado a la perfección, haciendo servir todas las cosas para su progreso. Por tu parte, aunque no seas aún Sócrates, debes sin embargo vivir como alguien que quiere serlo.

ESTE LIBRO, PUBLICADO POR
EDICIONES RIALP, S. A.,
MANUEL URIBE, 13-15, 28033 MADRID,
SE TERMINÓ DE IMPRIMIR EN
ANZOS, S. L., FUENLABRADA (MADRID),
EL DÍA 25 DE SEPTIEMBRE DE 2024.